내가 왜 계속 살아야 합니까

내가 왜 계속 살아야 합니까

풀리처상 수상 작가가 묻고

세계의 지성 100인이 답하다

윌 듀런트 지음

신소희 옮김

편집자 서문

1930년 가을 윌 듀런트는 뉴욕주 레이크힐의 자택에서 갈퀴로 낙엽을 긁어모으고 있었다. 전형적인 가을 날씨였고, 교외에서 불어온 차갑고 상쾌한 바람이 그가 갈퀴질을 계속하도록 활력을 불어넣었다. 갈퀴질을 하는 듀런트에게 잘 차려입은 남자 한 명이 다가와 조용히 말을 걸었다. 그는 자살할 생각이라고 했다. 철학자인 듀런트가 자신에게 살아야 할 이유를 말해 줄 수 없다면 말이다. 논제를 철학적으로 다듬을 시간 여유가 없는 상황이었지만, 듀런트는 남자가 계속 존재해야 할 근거를 제시하기 위해 최선을 다했다. 이후에 듀런트는 이렇게 회고했다.

> 그에게 직장을 구해 보라고 말했습니다. 하지만 이미 직장이 있다고 하더군요. 맛있는 식사를 해 보라고 했죠. 하지만 배가 고프지 않다는 겁니다. 결국 그는 내 논지에 설득되지 않은 기색이 뚜렷한 채로 자리를 떠났습니다. 그가 어떻게 되었는지는 모르겠

습니다. 그해에 나는 자살하겠다는 사람들의 편지를 여러 통 받았어요. (……) 이후에 알게 된 바로는 1905년에서 1930년 사이 미국에서는 284,142명이 자살했다고 합니다.

이 얼마나 끔찍한 딜레마인가, 얼마나 끔찍한 통계 수치인가! 좀 더 최근의 통계 수치는 더더욱 경악스럽다. 세계보건기구에 따르면 2000년 한 해에만 100만 명의 사람들이 스스로 목숨을 끊었다. 미국에서는 하루 평균 84.4명, 한 해에 30,903명이 자살하고 있다. 17.1분마다 한 생명이 희망을 버리고 스스로 삶을 끝맺는다는 이야기다.

이런 상황에서 '삶의 의미란 무엇인가?'라는 의문이야말로 철학의 영속적인 화두라는 것에 이의를 품을 수 있을까? 더 중요한 질문이 존재할 수 있을까? 학자와 현자 들은 수백 년 동안 수십억 개의 뇌세포를 모아 이 끝없는 물음의 대답을 궁리해 왔다. 이는 어떤 이들에게는 지적인 두더지 잡기 게임일 뿐이었지만 어떤 이들에게는 매우 심오한 의미와 어쩌면 치명적인 결과를 함축하고 있는 해답이었다. 물음 자체가 여러 다른 질문을 내포하고 있기도 하다. 우리는 왜 여기에 있는가? 신은 존재하는가? 만약 그렇다면 우리는 어째서 이토록 고통받는가? 만약 그렇지 않다면 우리가 존재하는 이유는 무엇인가? 이 행성에 우리가 존재하는 것은 단지 이후의 보다 개선된 연극을 위한 리허설에 불과한가? 그도 아니면 그냥 이게 전부인가? 애초에 존재란 무엇인가? 그저 천문학적인 미치광이 소극笑劇, 원자들의 우연한 결합일 뿐이다. 그 결합으로부터 수백만 년에 걸쳐 지각력 있는 존재가 탄생하기에 이르렀다. "소음과 분노로 가득할 뿐 아무런 의미도 없단 말인가?"* 아니면 헤아릴 수 있는 어떤 심오한 의미가 존재하는 것일까? 듀런트에 따르면 이 삶의 의미라는 화두는 오래전부터 그에게 각별히 중요한 것이었다.

> 신앙을 잃어버린 뒤로 나는 줄곧 이 화두를 숙고해왔습니다. 그러다 보면 종종 절망감에 빠져들 때도 있었지요. 현대의 프랑스나 독일 실존주의자들이 말

---

* 윌리엄 셰익스피어의 『맥베스』 5막 5장의 대사를 변형한 것이다.

하는 불안angoisse과도 비슷한 감정 말입니다. (……) 나는 다양한 유명 인사들에게 삶의 의미가 무엇인지 질문하고 그들의 대답을 책으로 내면서 내 나름의 대답도 추가해 보자고 기획했습니다.

듀런트는 책상 앞에 앉아 편지를 썼다. 화두는 철학적이고 감성은 시적인 편지였다. 그 편지를 100명의 인물에게 보내며 삶의 의미에 관한 기본적인 답변(일반적으로)뿐만 아니라 그들 각자가 삶에서 어떻게 의미와 목적과 만족을 찾았는지(개별적으로)도 이야기해 달라고 제안했다. 듀런트의 편지를 인용하면 다음과 같다.

(……) 당신의 영감과 활력은 어디에서 비롯되며 당신을 노력하게 만드는 목적 혹은 원동력은 무엇인지. 당신은 어디에서 위안과 행복을 구하는지. 당신에게 가장 소중한 궁극적 가치는 무엇인지.

듀런트는 유명 인사들의 답변에서 어느 가을날

자기 집 정원에 등장한 잘 차려입은 이방인의 질문에 충분한 해답이 될 만한 내용을 찾고 싶었을 것이다. 그런데 그 이상이었다. 그가 받은 답변들은 어둡고 암울하기보다 오히려 유쾌하고 긍정적이었으며, 존재 자체에 대한 기쁨과 삶을 더욱 의미 있도록 만들 방법에 관한 각자의 통찰력을 담고 있었다. 각계의 여러 유명 인사로부터 응답이 답지했다. 위대한 영적 지도자 모한다스 카람찬드 간디와 당시의 인도 수상 자와할랄 네루, 미국의 괴짜 문필가 헨리 루이 멩켄, 자연주의 소설가 시어도어 허먼 앨버트 드라이저, 미국 최초의 노벨 문학상 수상 작가 해리 싱클레어 루이스, 컬럼비아대학교 교수이자 소설가인 존 어스킨, 아마도 가장 영향력 있는 미국의 역사가 찰스 오스틴 비어드, 시인 존 카우퍼 포위스, 당대에 미국 역사상 가장 위대한 시인으로 손꼽혔던 에드윈 알링턴 로빈슨, 메이요클리닉 설립자 찰스 호러스 메이요 박사, 러시아에서 미국으로 귀화한 유명 피아니스트 겸 지휘자 오시프 살로모노비치 가브릴로비치, 캐나다의 북극 탐험가이자 저술가인 빌할무르 스테판손, 도발적인 영국인 심리학자 헨리 해블록 엘리스, 할리우드의 유니버설스튜디오 설립자 칼 래믈리, 다트머스대학교 총장이었던 어니스트 마틴 홉킨스, 1896년 『뉴욕 타임스』를 인수하고 이후에는 『필라델피아 타임스』와 『필라델피아 퍼블릭 레저』를 관리했으며 초당파적·분석적 보도를 강조한 것으로 유명한 신문 발행인 아돌프 사이먼 옥스, 간디의 절친한 친구였으며 전미흑인지위향상협회NAACP와 미국시민자유연맹ACLU 설립에 동참한 미국의 성직자 겸 저술가 존 헤인즈 홈스, 미국 해군소장이자 탐험가인 리처드 에벌린 버드 제독, 희극 작가 윌리엄 펜 어데어 로저스, 미국자연사박물관의 헨리 페어필드 오즈번, 프랑스의 철학자이자 소설가인 앙드레 모루아, 1930년 노벨 물리학상 수상자 찬드라세카라 벵카타 라만, 베스트셀러 『생각의 기술』The Art of Thinking의 저자이자 철학자인 딤닛 신부, 마운트홀리요크대학교 총장이었던 저명한 교육자 메리 에마 울리, 과학자이자 저술가인 지나 엘레나 제포라 롬브로소, 오랫동안 스포츠 역사상 가장 뛰어난 여성 테니스 선수로 손꼽히며 프랑스오픈, 윔블던, US오픈을 통틀어 열아홉 번이나 여자 단식에서 우승한 헬렌 뉴잉턴 윌스, 위대한 아일랜드 극작가 조지 버나드 쇼, 노벨 문학상을 받은 철학자 버트런드 아서 윌리엄 러셀, 서구 최초로 행성 문화* 개념을 주창하고 홍보한 사상가로 알려진 헤르만 알렉산더 그라프 폰 카이절링 백작 등의 것이었다. 다양한 견해들의 마무리로서 싱싱교도소에서 종신형을 지내고 있던 죄수의 기고문까지 도착했다.

대부분의 답변이 진지하고 성실했지만, 퉁명스럽거나(카이절링) 거만하거나(쇼) 회피하는(러셀) 답변도 있었다. 이 책을 쓴 지 40여 년이 지난 1970년대 후반에 책 내용을 돌아보며 듀런트는 이렇게 회고했다.

> 오늘날 그 답변들을 회상해 보면 (……) 비어드, 포위스, 모루아의 답변이 가장 마음에 듭니다. 하지만 가장 감동적인 편지는 79206번 죄수의 것이었지요.

---

* Planetary culture. 비서구 문화와 철학의 동등한 가치와 유효성을 인식하고 국가주의와 민족 중심주의를 초월하려는 운동이다.

모든 답변이 도착했고, 다음은 듀런트의 차례였다. 그는 자신이 제시한 화두에 대해 그 자체로 고도의 철학과 강력한 낙관주의가 담긴 걸작이라 할 답변을 작성했다. 그리고 『내가 왜 계속 살아야 합니까』On The Meaing of Life라는 제목을 붙인 이 책을 1932년에 한 작은 출판사를 통해 세상에 내놓았다. 책은 홍보도 되지 않았고 소수의 독자에게만 읽혔다. 현재까지 남아 있는 초판본도 몇 권 되지 않는다. 애석한 일인데, 이 책이야말로 듀런트의 저작 중에서 여러모로 가장 중요한 작품이기 때문이다. 나는 이런 상황을 만회하기 위해 초판본 원고를 재편집하여 다시 한 번 독자의 처분에 맡기기로 했다. 지극히 강렬한 주제를 치열하게 풀어낸 책이며, 앞서 인용한 자살률 통계 수치를 고려해 보면 더더욱 절판되어서는 안 되고 여러 비관적인 사상의 대안으로 대중에게 제공되어야 할 책이기 때문이다.

이 책에서 듀런트는 의미 있고 다양한 인물을 조연 배우로 캐스팅하여 진정한 '드림 팀'을 만들어 냈다. 이들 중 (설사 듀런트 본인은 아니라 해도) 적어도

한 사람은 여러분의 삶에 도움이 될 무언가를 건넬 수 있을 것이다. 시인, 철학자, 성인, 죄수, 운동선수, 노벨상 수상자, 대학교수, 심리학자, 연예인, 음악가, 작가, 지도자까지 아우르는 이 같은 집단이 이처럼 심오한 질문에 일제히 견해를 제시한 것은 이전에도 이후에도 없었던 일이다. 이들 각자의 독특한 개성과 아주 다른 경력에도 불구하고 독자는 이들의 다채로운 통찰 속에서 모든 관점을 관통하는 하나의 줄기를, 삶의 의미를 갈구할 뿐만 아니라 실제로 발견한 사람들 간의 보편성을 인식할 수 있을 것이다.

'폴리애나'* 풍의 상투적인 지침서를 기대해서는 안 된다. 이 책은 비현실적인 몽상으로 직결되는 인식들과는 거리가 멀며, 오히려 듀런트의 '현실적' 철학과 사상가로서의 뛰어난 자질에 단단히 뿌리박고 있다. 열정적이면서도 실질적이며 낙천적이되 굳은 의지를 보여 주는 이 책을 통해 독자는, 두려움과 근심의 한계를 벗어나서 진실과 조화를 이루고 온전한 확신이 선 삶을 포용한 사람들의 구체적 사례를 접하게 될 것

* 엘리너 포터의 1913년 작 어린이 소설 제목이자 주인공 이름. '낙천적인 사람'을 뜻하는 보통명사로 사전에 등재됐다.

이다. 『내가 왜 계속 살아야 합니까』는 이제 막 돛을 올려 때로 폭풍이 몰아칠 인생의 바다로 나가려는 모든 대학 졸업생의 손에 쥐어져야 할 책이자 가족과 친구들의 서재에 항상 자리하고 있어야 할 책이다. '삶의 의미란 무엇인가?'라는 거대한 철학적 화두를 조명하고 새로운 희망을 제공하며 낙관적이고도 전향적인 결론으로 매듭을 짓기 때문이다.

듀런트가 우려했던 것처럼, 이 한 권의 책이 –설사 억압받고 짓눌린 이들의 손에 쥐어진다 해도– 자살률을 줄이고 사람들의 삶을 밝히는 데 크게 공헌할 수 없을지도 모른다. 하지만 설사 그렇다 하더라도 시도해볼 값어치는 있으리라.

존 리틀

1부

의미를 찾아 나서다

1

유명 인사들에게 보내는 편지

나는 1931년 7월 15일 뉴욕에 있는 나의 집에서 미국을 비롯한 전 세계의 유명인들에게 다음과 같은 편지를 조금씩 다르게 써서 보냈다. 모두 내가 그 지성을 높이 평가하는 이들이었다.

존경하는 ○○ 님께

잠시 하던 일을 멈추고 저와 철학 게임을 해 보시겠습니까? 저는 우리 세대가 과거 어느 세대보다도 간절히 묻고 싶어 하지만 결코 대답하지 못할 것 같은 질문을 하나 제시하려 합니다.

인생의 의미 혹은 가치는 무엇일까요?
지금까지 이 질문을 다루어 온 사람들은 주로 이집트의 이크나톤에서 노자, 베르그송, 슈펭글러에 이르는 이론가들이었습니다. 그 결과는 일종의 지적 자살이었지요. 사상은 그 발전의 과정에서 오히려 삶의 가치와 의의를 파괴해 온 것처럼 보입니다. 그리도 많은 이상주의자와 개혁가가 기원했던 지식의 성장과 전파가 인류의 영혼을 거의 파탄시킨 환멸만을 초래한 것입니다.
천문학자들은 인간의 역사가 항성의 궤적에서 보면 일순간에 지나지 않는다고 말합니다. 지질학자들에 따르면 문명은 빙하기 사이의 위태로운 간주곡일 뿐입니다. 생물학자들에 따르면 모든 생명은 전쟁이며 실존을 위한 개체, 집단, 국가, 동맹, 종種 사이의 분투입니다. 역사학자들은 '진보'란 환상이며 모든 영광은 필연적으로 쇠하게 되어 있다고 이야기합니다. 심리학자들은 의지와 자아란 유전과 환경의 무력한 도구라고 주장하며, 과거엔 불후의 존재로 여겨졌던 영혼 또한 두뇌를 스쳐 가는 백열광에 불과하다고 합니다.

산업혁명은 가정을 파괴했고 산아 제한의 발견은 가족 제도, 구체제, 도덕률 그리고 아마도(지성인들의 피임을 통해) 인종을 파괴했습니다. 사랑은 물리적인 폭주 상태로 분석되었고 결혼은 방탕함보다는 살짝 나은 일시적·심리학적 편의가 되었습니다. 민주주의는 밀로* 시대의 로마에서만 알려졌던 심각한 부패 상태로 빠져들었습니다. 우리가 젊은 시절 품었던 사회주의 유토피아의 꿈은 누구나 알듯 인간의 무한한 물욕 앞에서 하루하루 스러져 가고 있습니다. 모든 발명품이 강자를 더욱 강하게 하고 약자를 더욱 약하게 합니다. 모든 새로운 기계가 인간의 자리를 빼앗고 전쟁의 공포를 증식시킵니다.

한때는 짧은 인생에 위안을 주고 사별이나 곤경을 겪을 때 피난처가 되었던 신神도 이제 그 자리를 떠난 것처럼 보입니다. 그 어떤 망원경이나 현미경으로도 신을 볼 수는 없었습니다. 철학이라는 전지적 관점하에서, 삶은 지상의 벌레일뿐인 인류의 발작적 번식이요 머지않아 제거될 행성의 피부병이 되었습니다. 삶에서 확실한 것은 오로지 패배와 죽음 –깨어남이라고는 없을 것처럼 보이는 깊은 잠– 뿐입니다.

---

* 티투스 안니우스 밀로. 기원전 1세기 로마의 정치 선동가.

우리는 '진리'의 발견이야말로 인간이 저지른 역사상 최대의 실수였다는 결론을 내리기 직전에 와 있습니다. '진리'는 우리를 자유롭게 하지 못했습니다. 우리를 위로하고 보호하던 환상과 절제를 앗아갔을 뿐입니다. '진리'는 우리를 행복하게 하지 못했습니다. 그것은 아름답지도 않으며 그토록 열렬히 갈구할 가치가 없는 것으로 드러났기 때문입니다. 이제 와 그것을 바라보면 우리가 왜 그토록 성급하게 '진리'를 찾으려 했는지 의아할 뿐입니다. '진리'는 순간적인 쾌락과 내일의 사소한 희망 외에는 존재의 이유를 앗아갔으니까요.
우리를 지금의 이 길로 데려온 것은 과학과 철학입니다. 오랫동안 철학을 사랑해 온 나는 이제 삶 그 자체로 눈을 돌리려 합니다. '생각하는' 만큼 실제로 잘 '살아 온' 당신에게, 내가 이해할 수 있게 도와 달라고 청하려 합니다. 아마도 실제 삶을 살아 온 이들의 의견은 그저 생각만 해 온 이들의 의견과는 다르겠지요.
저를 위해 잠시만 시간을 내어 말씀해 주십시오. 당신에게 삶은 어떤 의미인지, 무엇이 당신을 계속 살아가게 하는지, 종교가 당신에게 어떤 도움을 주는지(만약에 준다면), 당신의 영감과 활력은 어디에서 비롯되며 당신을 노력하게 만드는 목적 혹은 원동력은 무엇인지. 당신은 어디에서 위안과 행복을 구하는지, 당신에게 가장 소중한 궁극적 가치는 무엇인지.

여유가 없다면 짧게라도 답해 주시고, 가능하면 시간을 들여 긴 편지를 써 주십시오. 당신의 한마디 한마디가 제게 무척 소중합니다.

존경을 표하며

윌 듀런트 드림

이 편지가 '존재의 의미에 관해 내가 내린 결론'을 담고 있는 것은 아니다. 내 성미는 이만큼 비관적이지 않다. 하지만 나는 애초부터 최악의 가능성을, 나 자신의 바람과는 반대되는 상황을 상정하려고 했다. 그리하여 사람들이 삶에서 한결 진지한 주제를 회피하려고 기대곤 하는 피상적 낙관주의를 차단한 상

태에서 이 문제를 논하고 싶었다.

회의와 의심의 시기를 거친 인간만이 믿음을 가질 수 있기에, 나는 먼저 인류 역사의 가치와 중요성을 반박하는 근거를 충분히 이야기할 것이다. 그런 다음 여러 대륙, 여러 국가로부터 날아온 답장들을 살펴볼 것이다. 그리고 마지막으로, 세상에서 가장 거짓에 기대고 싶게 만드는 이 문제에 대해 지난 50여 년의 삶이 내게 남긴 진정성으로 직접 대답해 보려고 한다.

(2)

화두와 종교

인류는 –심지어 철학자들조차도– 선천적으로 희망을 품게 마련이다. 인간의 가치와 운명을 믿고 싶어 하는 인류의 욕구 때문에 위대한 종교들이 생겨나고 번성했으며, 위대한 문명 또한 대체로 이처럼 위안을 주는 종교에 의존하곤 했다.

이와 같이 수 세기 동안 인류를 떠받쳐 온 믿음이 약화되면서 삶은 영적 드라마가 아닌 생물학적 삽화로 축소되었다. 운명의 영원함과 무한함이 부여한 존엄성을 상실하고 우스꽝스러운 출생과 무의미한 죽음 사이의 기괴한 간주곡으로 쪼그라든 것이다. 지식을 얻은 개인은 과학의 관점에 따라 미시적이고 사소한 존재가 되었으며 자신과 인류 전체에 대한 믿음을 잃었다. 과거에 인간이 노고와 존경을 쏟았던 위대하고 중요한 사업들은 이제 비판과 냉소만을 자아내게 되었다. 믿음과 희망은 사라지고 회의와 절망이 시대의 풍조가 되었다.

이것이 현대의 본질적 상황이다. 우리를 비관주의에 빠뜨린 것은 단지 세계대전만이 아니며 최근의 경제 침체는 더더욱 아니다. 지금 우리가 주목해야 하는 것은 일시적인 부의 감소나 심지어 수백만 명의 죽음보다도 더욱 근본적인 문제다. 비어 있는 것은 우리의 집이나 금고가 아니라 우리의 '마음'이다. 이제는 인간의 변치 않는 위대함을 믿거나 삶에 죽음으로 지울 수 없는 가치를 부여하는 것이 불가능해졌다. 우리는 영적 고갈과 의존의 시대로 들어서고 있다. 마치 예수의 탄생을 갈망했던 그 시대처럼.

3

화두와 과학

18세기가 19세기의 기반을 닦을 때 하나의 관념을 위해 모든 것이 희생되었으니, 바로 '신학 대신 과학'이었다. 과학만 있으면 금세 부富가 생겨날 것이며 그러면 인류는 행복해질 것이었다. 과학만 있으면 금세 진리가 밝혀질 것이고 그러면 인류는 자유로워질 것이었다. 공교육은 과학적 발견을 널리 전파시켰고 미신으로부터 인간을 해방시켰으며 민주주의에 적합한 인간상을 만들어 냈다. 영국의 철학자 제러미 벤담은 한 세기만 공교육을 실시하면 인류의 모든 주요 문제가 해결되고 유토피아가 탄생할 것이라고 예언했다. 프랑스의 철학자 콩도르세는 "인류의 진보에 한

계란 없다. 인류가 위치한 이 지구라는 공간이 존속하는 한 말이다"라고 선언했으며 볼테르는 "젊은이들은 운이 좋다. 위대한 사건들을 보게 될 테니까"라고 말했다. 정말로 그랬다. 그들은 프랑스 혁명과 공포정치, 워털루 전쟁*과 1848년 혁명**, 발라클라바 전투***와 게티즈버그 전투****, 스당 전투*****와 봉천 전투******, 아마겟돈과 레닌을 보았다.

그들은 과학의 발전과 승리를 보았다. 다윈의 생물학, 패러데이의 물리학, 돌턴의 화학, 라플라스의 천문학, 파스퇴르의 약학, 아인슈타인의 수학이 등장

---

* 이 전쟁으로 프랑스는 왕정으로 돌아갔고 프랑스 혁명으로 확산된 민족주의와 자유주의가 억압당했다.

** 프랑스 혁명의 영향으로 1848년 이탈리아에서 시작되어 유럽 전역으로 퍼져 나간 자유주의 운동 전반을 가리킨다.

*** 크림 전쟁 당시 발라클라바에서 일어난 전투이며 한 지휘관의 명령 실수로 기병대가 거의 전멸해 "영국군 역사상 가장 졸렬한 전투"로 기록되었다.

**** 미국 남북 전쟁에서 가장 치열했던 전투로 북부의 승리를 가져온 전환점이 되었다. 패배의 원인은 남부군 사령관 리 장군이 신임했던 지휘관들의 경험 부족이었다.

***** 1870년 프랑스-프로이센 전쟁 당시 프로이센군이 프랑스군을 격파한 전투. 프랑스 황제 나폴레옹 3세가 포로로 잡혀 프랑스 제2제정의 몰락을 초래했다.

****** 만주의 봉천 근방에서 벌어진 러일 전쟁 최후의 전투이자 가장 치열했던 지상전.

했다. 계몽에 대한 모든 희망이 실현되었다. 과학은 자유로워졌고 세계를 개조했다. 하지만 기술자들이 과학으로 지구를 변형시키는 동안 철학자들은 과학으로 우주를 변형시켰다. 다양한 과학 분야가 차례차례 각자의 발견을 보고하면서 전 세계적인 투쟁과 죽음의 큰 그림이 펼쳐졌다. 그렇게 수십 년이 지나면서 19세기의 낙관주의는 오늘날의 비관주의에 밀려났다.

천문학자들은 신의 발판이자 속죄자 그리스도의 고향이었던 지구가 사실 우주의 사소한 항성 중 하나를 공전하는 사소한 행성에 불과하다고 보고했다. 지구는 격렬한 폭발 속에 탄생하였고 충돌과 대화재 속에 종말을 맞을 것이며, 인류의 이야기를 전해 줄 인간의 작품들은 흔적조차 남기지 못하고 사라질 것이다. 지질학자들은 지구상의 생명이란 얼음과 불의 변덕, 용암과 비의 자비 아래 일시적으로 허용된 것에 불과하다고 보고했다. 대양과 산맥은 서로 잠식하고 침식하는 영원한 전투 속에 번갈아 가며 승리를 거두고, 대륙은 지진으로 파괴되어 왔으며 앞으로도 그럴 것이다. 고생물학자들은 영겁이 한두 차례 지나는 동안 백만여 종의 동물이 지구에서 살았으나 이제는 모두 뼈 몇 조각과 바위에 찍힌 발자국만 남긴 채 사라져 버렸다고 보고했다. 생물학자들은 모든 생명이 다른 생명을 희생시키며 살아간다고, 큰놈이 작은놈을 잡아먹은 다음 더 큰놈에게 먹힌다고 보고했다. 강한 유기체는 약한 유기체를 수십만 가지 방식으로 영원히 이용하고 학대하며, 살상 능력이야말로 궁극적인 생존의 조건이고, 번식이 곧 자살이며 사랑은 교체와 죽음의 전주곡이라고.

모든 생명체를 대표하는 사례이자 상징으로서 내가 키우는 개 '울프'를 살펴보자. 울프가 존재할 수 있었던 것은 경찰견이었던 울프의 엄마에게 어느 수컷 콜리가 후각적으로 매력을 느꼈기 때문이다. 울프는 먹는 데는 탐욕스럽지만 마시는 것은 절제하는 편이다(절대 금주주의자라서 이 시대 유행의 압력에도 불구하고 모든 알코올 음료를 거부한다). 뭐든 던지면 잡으러 쫓아가고, 집 안에서 가장 편안한 자리를 차지하며, 우리의 애정을 당연한 것처럼 받아들인다. 그러다 발정이 나면 백 마리쯤 되는 수컷을 우리 집 현관으로 끌어들인다. 이웃집 개 에어데일이 밤새 문간에서 울프를 기다리며 음유시인처럼 구슬프게 낑낑거린다.

이 행위와 인간의 연애에 끔찍한 시 구절 말고 또 무슨 차이가 있겠는가?

이후에 '울프 부인'은 한바탕 소란을 피우고 괴로워하며 묵묵히 뭔가에 몰두해 있다가 온 집 안에 강아지를 떨궈 놓는다. 참을성 있게 젖을 물리고, 으르렁거리며 새끼들을 모든 위험으로부터 지키고, 그놈들의 동시다발적인 식욕 때문에 죽도록 기진맥진한다. 때로는 새끼들이 제 가슴을 빨아 대는 동안 접시에 담긴 우유를 할짝거리기도 하는데, 그럴 때면 일견 무의미해 보이는 생명의 반복과 순환이 한 장의 그림처럼 눈앞에 펼쳐지는 듯하다. 강아지들은 차례차례 다른 집으로 보내지고, 울프는 하루 정도 새끼들을 찾지만 그런 다음엔 잊어버린다. 마지막 남은 강아지는 엄마를 못살게 굴고 음식을 빼앗아 먹으며 다리를 깨물기도 한다. 이 모든 짓거리를 우아하게 감내하는 울프의 모습은 아기와 함께 있는 성모 마리아와 다를 바가 없다. 마지막 생존자마저 사라져도 울프는 상실감이라곤 보이지 않으며 홀몸이던 시절의 일상으로 되돌아가 행복하게 지낸다. 성가신 발정이 또다시 울프를 ― 그리고 우리 동네를― 찾아들 때까지는 말이다. 그러면 울프는 짝을 짓고 새끼를 낳고, 그렇게 생명의 바퀴가 또 한 차례 돌아 제자리로 온다.

인간의 삶도 본질적으로는 이런 식이 아닌가? 쓸데없는 장식을 걷어 내면 우리의 탄생과 죽음이라는 회전목마가 울프의 그것보다 뭐 그리 더 의미 있단 말인가? 일간지의 '탄생', '결혼', '사망'이라는 표제 아래 인쇄된 눈에 띄지도 않는 작은 글자들이야말로 인류의 본질적 역사요, 그 외에 다른 것은 허식일 뿐이다. 엘로이즈와 아벨라르의 비장한 연애담*이나 윔폴 거리의 서정시**도 개들의 관점에서 보면 존속을 향한 자연의 광기에 따른 결과일 뿐이다. 젊은 여자를 쫓아다니는 그 모든 남자, 그 모든 해부학적 적나라함, 뻔한 숨김, 유혹적인 향수, 우아한 움직임, 은밀한 관찰, 성적인 농담, 소설과 연극과 영화, 그 모든 돈벌이, 옷 재단과 솔질, 몸치장, 댄스, 노래, 꼬리치기, 끊임없는 재잘거림, 갈망—모두가 번식이라는 의식의 일부분이

---

* 프랑스의 유명한 신학자 아벨라르와 그의 제자였던 엘로이즈의 사랑은 비밀 결혼, 아벨라르의 거세, 두 사람이 수도사와 수녀가 되어 주고받은 연애편지 등으로 중세 최대의 연애 사건으로 불린다.

** 19세기 윔폴 거리에 살았던 영국 시인 엘리자베스 배럿과 무명 시인이었던 로버트 브라우닝은 편지를 주고받으며 연애한 끝에 집안의 반대를 무릅쓰고 결혼했다. 두 사람의 빼어난 시들도 이 시기에 쓰였다.

다. 절차는 점점 더 복잡해졌지만 결말은 예전 그대로이며, 그리하여 아이가 태어난다.

한때 아이는 불멸의 영혼을 지녔지만 이제는 분비샘을 가지고 있다. 물리학자에게 아이는 분자, 원자, 전자, 양자의 집합일 뿐이다. 생리학자에게 아이는 근육, 뼈, 신경의 불안정한 결합체다. 의사에게 아이는 붉게 달아오른 질병과 통증 덩어리다. 심리학자에게는 유전과 환경의 무력한 수신자이며 허기와 사랑으로 통제 가능한 조건 반응의 집합체다. 이 희한한 유기체가 갖게 될 거의 모든 생각은 망상일 것이며 거의 모든 인식은 편견일 것이다. 그는 자유의지와 불멸의 삶에 관해 세련된 이론을 만들어 내면서 시시각각 서서히 부패할 것이다. 근사한 철학 체계도 수립하겠지만 그래봤자 바다를 설명하려 드는 물 한 방울에 불과할 것이다. 인간이라는 이름의 이 '가랑무'는 자기네가 자연을 스쳐 간 수십억 종의 실험체 중 하나일 뿐이라는 생각은 좀처럼 하지 못한다. 러시아 소설가 투르게네프가 말했듯 자연은 인간과 벼룩 중에 어느 한쪽을 편애하지 않는데 말이다.

어쨌든 로버트 번스***가 어리석게도 신들에게

*** 18세기 스코틀랜드의 국민 시인.

요청했던 선물(다른 인간이, 심지어 다른 생물 종이 보는 우리의 모습 그대로를 볼 수 있게 하는 것)을 우리에게 선사한 것은 오직 과학뿐이다. 우리 인간은 개에게는 혀로 쓸데없는 소음을 내는 어리석은 수다쟁이일 뿐이고 모기에게는 먹거리일 뿐임을 알게 된 것이다. 우리 중 일부는 객관성의 최종 단계에 도달하여 최후의 편견인 미적 잣대도 버리기에 이르렀다. 줄루족이 비만한 여성을 숭배하는 것에도 나름의 근거가 있으며, 화성인들은 인간 여성의 매력을 암컷 콜리나 암말의 아름다움과 비슷한 것으로 여길지도 모른다는 것을 우리는 받아들인다. 우리는 서서히 우주의 중심이자 정상에서 물러서고 있다. 과학적인 시각으로 보기에 우리 종은 파멸을 향하여 탈선 중인 작은 파편에 불과하므로.

(4)

화두와 역사

19세기는 과학의 시대인 만큼 역사의 시대이기도 했다. 사실에 대한 갈구는 과거에 대한 집단적 열광과 맞물렸다. 사실은 과거를 분석하고 해부하고 국가들의 흥망성쇠를 발견했으며, 그에 따라 발전과 쇠퇴의 파노라마가 그려졌다. 역사란 베이컨의 말처럼 난파선의 널빤지들이었고, 퇴폐와 몰락과 죽음 외에 확실한 것이란 하나도 없는 듯이 보였다.

필트다운인*, 네안데르탈인, 아브빌인, 아슐리안인, 무스티에인, 오리냐크인, 크로마뇽인, 로디지아인, 북경인 등 다양한 인류가 수천 년에 걸쳐 살아갔

* 1912년 영국의 필트다운에서 발견되었으며 원숭이가 인간으로 진화한 과정의 '미싱 링크'로 추정된 두개골 화석에 부여된 학명. 그러나 이후 1953년에 이 화석은 위조품이었음이 판명되었다.

다. 그들은 싸우고 생각하고 발명하고 그림을 그리고 조각하고 아이를 낳았다. 그리고 부싯돌과 끄적거린 흔적 몇 개 외에는 후세에 아무것도 남기지 못한 채 수천 년 동안 잊혀 있다가 호기심 많은 현대인의 곡괭이와 삽에 간신히 발견되었다.

수천 개의 문명이 아틀란티스 대륙과 같은 전설만을 후세에 남기고 대양 속이나 지면 아래로 사라졌다. 투르크스탄, 모헨조다로, 우르, 칼데아 제국, 사마르칸트, 티무르 제국, 크메르 제국과 앙코르 왕조, 유카탄반도의 마야 문명, 페루의 잉카 문명. 이들은 거의 완벽하게 사라진 문명들의 무덤에서 우리가 발굴한 극소수의 사례에 속한다. 그렇다면 역사에 어떤 흔적도 남기지 못하고 소멸된 문명은 얼마나 될까? 인간의 기억 한구석에 간신히 자리를 차지한 애처로운 소수의 문명들은? 바빌론, 이집트, 페르시아, 크레타, 그리스와 로마. 이들의 장엄함과 퇴폐를 떠올려 보라. 역사란 얼마나 불확실한 것인지, 이 위대한 이름들이 어떻게 물 위에 쓴 듯 사라져 갔는지 생각해 보라. 심지어 셰익스피어조차도 죽은 지 한 세기가 지나자 자기 나라 사람들에게조차 멜로드라마 풍의 번지르르한 말과 서투른 말장난밖에 모르는 속물 취급을 받으면서 반쯤 잊혔다.

아리스토텔레스는 모든 것이 여러 차례 거듭하여 발견되고 잊히게 마련이라고, 진보는 환상일 뿐이라고 단언했다. 인간사는 바다와 같아서 수면만 보면 수많은 동요가 일며 어딘가로 흘러가는 것 같지만 밑바닥은 비교적 변화 없이 잔잔하다는 것이다. 우리가 진보라고 부르는 것은 어쩌면 피상적인 변화에 지나지 않을지도 모른다. 패션, 교통수단, 정부, 심리학, 종교는 계속 변화한다. 크리스천 사이언스(신앙 치료법을 사용하는 기독교 교파), 행동주의, 민주주의, 자동차, 바지 같은 것들은 진보하는 것이 아니라 변화하는 것이다. 오래된 것을 새롭게 수행하는 방식, 영원한 수수께끼를 이해하려는 헛된 시도에 따른 새로운 시행착오. 이처럼 다양한 현상 아래서 본질은 여전히 그대로 남아 있다. 굴착기와 전기 드릴, 트랙터와 탱크, 계산기와 기관총, 비행기와 폭탄을 쓰는 인간은 나무 쟁기, 부싯돌 칼, 통나무 바퀴, 활과 화살, 매듭 문자, 독 묻힌 작살을 쓰던 인간과 같은 부류의 인간이다. 도구는 달라져도 목적은 다름이 없다. 규모가 더 커졌을 뿐, 인간의 목표는 선사 시대나 고대에 그랬듯 여전히 이기적이고 유치하고 어리석고 모순적이고 살인적이며 자멸적이다. 모든 것이 진보했다. 인간만 제외하고.

그리하여 모든 역사는, 인간이 축적하고 발견한 그 모든 것의 자랑스러운 기록은 종종 헛된 순환이자 맥 빠지는 비극처럼 보인다. 시시포스적 인간은 계속 자신의 발명을 밀어 올리며 문명과 문화의 높은 산을 기어오르려 하지만 매번 불안정한 구조에 부딪힌다. 그리고 토양의 고갈, 교역의 이동, 침략자들의 반달리즘, 지식이 가져온 인류의 불임 상태를 통해 또다시 막노동꾼, 소작농, 농노, 노예 상태 같은 야만 속으로 고꾸라진다. 콩도르세가 말한 '인류의 완전을 향한 무한한 가능성'이 남긴 것은 이것이 전부다. 정말이지 가능성만은 무한했다.

5

화두와 유토피아

중세의 인간에게 천국의 희망이 그랬던 것처럼, 지난 백 년간의 세속적 삶에서 중요했던 모든 신조가 이 회의적 세기에는 가치를 상실한 것처럼 보인다.

진보, 공교육, 국민 주권. 이제 어느 누가 이런 관념에 경의를 표할 만큼 순진하겠는가? 우리의 학교는 우리의 발명품과 마찬가지다. 그들은 새로운 사상과 오래된 목적을 수행할 새로운 방식을 제공할 뿐이다. 학교는 우리를 좀도둑에서 은행 강도와 티포트돔*으로 진화시켰다. 학교는 지성을 개발하기 위해 다른 모든 것을 희생시켰지만 결국 우선적으로 발현되는 것은 개인의 인성이라는 점이 밝혀졌을 뿐이다. 읽는 법

* 미국 와이오밍주의 지명. 이곳에 있던 정부 소유의 유전을 내무장관이 몰래 대여해서 이윤을 챙겼다.

을 배우자 사람들은 타블로이드 신문과 싸구려 영화에 돈을 낭비했다. 라디오가 발명되자 야만스러운 음악과 대중의 편견이 예전보다 백배는 더 많이 쏟아져 나왔다. 기술과 공학을 통해 사람들은 경이로운 자동차, 호화로운 여행, 대저택 등 예전에 없던 풍요를 획득했다. 그 결과 확인된 사실은 부자가 생겨나면 평화는 사라진다는 것, 자동차는 도덕을 압도하고 범죄를 양성한다는 것, 이권이 커질수록 다툼은 더욱 격렬해진다는 것, 드넓은 저택은 고대부터 있었던 양성 간의 전투에 최악의 전장이 된다는 것이다.

우리는 산아 제한을 발견했고, 그리하여 지성인은 불임이 되고 무식자는 증가했으며 사랑은 방탕으로 가치 절하되었다. 교육자는 좌절하고 선동가에게 힘이 실리고 인류의 상태는 저하되었다. 우리는 모든 남성을 해방시켰지만 그들이 거의 모든 도시에서 인간의 능력과 직무 사이의 통로를 차단하는 흉악한 '기계'를 지지하고 보존하려 한다는 것을 확인했다. 우리는 모든 여성을 해방시켰지만 사무 비용 외에는 아무것도 변하지 않았다는 것을 발견했다. 우리는 사회주의를 꿈꾸었지만 그것을 실현하기엔 우리 자신의 영혼이 너무나 탐욕스럽다는 것을 깨달았다. 우리도 마음 깊은 곳에서는 자본주의자이며 부자가 되는 것에 진지하게 반발할 수 없는 것이다.

우리는 노동자 조직을 통한 해방을 꿈꾸었지만, 거대 노조들이 타락한 기계와 사악한 집단에 협력한다는 사실을 알게 되었다. 가난한 지식인이 유토피아 건설을 계획하면 그것을 실현할 방편이 되어 주리라고 여겼던 그들이 말이다. 이후 우리는 소련에 희망을 돌렸지만, 그들이 가난을 정복하기 위해 심신과 노동과 사상의 자유를 희생시킨다는 것을 깨달았다. 윌리엄 고드윈*에서 클래런스 대로**, 랄프 왈도 에머슨***에서 표트르 알렉세예비치 크로포트킨****, 프랑수아 라블레*****에서 아나톨 프랑스******에 이르기까지

---

* 18세기 말, 19세기 초의 정치 사상가로 영국 무정부주의 사상의 선구자다.

** 19세기 말, 20세기 초 미국의 법조인으로 모든 사람은 토지에 대해 평등한 권리를 가진다는 지공주의 경제개혁을 옹호했다.

*** 19세기 미국의 철학자이자 시인으로 흑인 노예제도를 반대하고 빈자의 편에서 부르주아를 비난했다.

**** 러시아의 지리학자이자 사상가. 러시아 혁명운동에 뛰어들었다가 체포, 수감되었으나 탈출해 이후 유럽에서 사회주의 아나키즘 운동을 주도했다.

***** 르네상스 시대 프랑스의 대표적 인문주의자였으며 문학, 의학 등 다양한 분야에서 활동했다.

****** 19세기 말, 20세기 초 프랑스의 작가이자 저널리스

진보 사상과 급진주의의 정수였던 그 자유를 말이다.

그리고 이 모든 드라마 위로 즐거운 전쟁의 신이 수많은 팔이 달린 시바 신처럼 배회하고 있다. 이집트의 화려함은 잔혹한 정복과 전제 왕권의 소산이었다. 그리스의 영광은 노예제도라는 진창에 뿌리박고 있다. 로마의 장엄함은 삼단노선과 군단을 기반으로 성립되었다. 유럽 문명은 총과 함께 흥하고 쇠했다. 역사는 나폴레옹의 신이 그랬듯 대포가 있는 쪽의 편을 든다. 예술가와 철학자를 비웃고 발작적인 애국심으로 그들의 업적을 파괴하며 모든 명예와 동상과 글귀를 전쟁의 신 마르스에게 돌린다. 이집트가 건설하면 페르시아가 파괴했다. 페르시아가 건설하자 그리스가 파괴했다. 그리스가 건설한 것은 로마가 파괴했다. 이슬람이 건설하면 스페인이 파괴했고 스페인이 건설하면 영국이 파괴했다. 그리고 유럽이 건설한 것을 유럽이 파괴했다. 처음에 인간은 막대와 돌로 서로를 죽였다. 그다음엔 화살과 창으로, 중장갑보병대와 군단으로, 대포와 소총으로, 전함과 잠수함으로, 탱크와 비행기로 죽였다. 파괴와 전쟁의 규모와 공포는 건설과 진보의 규모와 장대함에 필적한다. 나라들이 차례차

트. 합리주의와 회의주의를 사상의 근간으로 삼고 국수주의와 인종주의에 저항했다.

례 자랑스럽게 고개를 들고, 차례차례 전쟁이 서로의 목을 벤다. "내 작품을 보시오, 강대하고 절망한 자여" 건설자이자 '왕중왕'이었던 오지만디아스*의 파괴되어 황폐한 조각상에는 이처럼 당당한 명문이 적혀 있다. 그러나 여행자는 단지 이렇게만 전한다.

> 폐허 외에는 아무것도 없다.
> 무한하고 적나라하며 거대한
> 저 폐허의 잔해를 돌아가 보면
> 평평한 모래밭만이 저 멀리 뻗어 나간다.**

---

* 고대 이집트 파라오 람세스 2세의 그리스어 명칭.

** 퍼시 비시 셸리의 소네트 「오지만디아스」의 일부.

(6)

지적 자살

이처럼 공평한 역사의 파괴성, 선악과 생사에 대한 자연의 중립 앞에서 과거의 인간은 한층 더 정의로운 세상이 오리라는 믿음으로 영혼을 달래곤 했다. 그곳에서는 모든 잘못이 바로잡힐 것이며, 천국으로 간 가난한 자는 지옥에 떨어진 부자의 타는 혓바닥에 물방울을 떨어뜨리는 즐거움을 누릴 터였다.

과거의 신앙에는 뭔가 잔인한 면이 있다. 부처와 예수의 온유한 복음은 시간이 지나면서 성스러운 복수에의 탐닉으로 더럽혀졌다. 천국이 있다면 지옥도 있어야 했고, 선량한 자는 삶에서 지나치게 성공한 자나 그릇된 미신을 받아들인 자를 열심히 지옥으로 떠넘겼다. 그 '복된 시대'에 살았던 사람들은 삶이란 사악한 것이라는 데 동의했다. 싯다르타는 개인의식의 소멸을 지복至福이라 불렀고 교회는 인생을 눈물의 골짜기로 묘사했다. 인간이 지상에 대해 비관주의자일 수 있었던 것은 천상에 대한 낙관주의를 품고 있었기 때문이다. 그들은 구름 뒤에서 축복받은 섬들을, 영원한 환희의 거처를 보았다.

내가 이 글을 쓰는 동안 아래쪽 거리에서 노랫소리가 들려온다. 검은 옷을 입은 여자가 꽝꽝 울려 대는 관악대 반주에 맞춰 「만세반석」The Rock of Ages을 부르고 있다. 가만히 후렴구를 따라 부르자 내 안에서 경건했던 젊은 시절의 이상화된 추억들이 솟구쳐 오른다. 나는 거리로 내려가 어느새 음악가들 주위에 모여든 군중 속으로 파고든다. 제복을 차려입은 구세군 악대 연주자들은 그리 인상적이지 않다. 거의 대부분이 딱딱한 표정에 심드렁한 기색이다. 오래전부터 나는 종교가 저들에게는 그저 비즈니스가 된 것이 아닌지 우려해 왔다. 새된 목소리로 노래를 불러 대는 제복 차림의 여성은 창백하고 여위었으며 심신이 공허해 보인다. 종교적인 것은 돈에 팔리거나 어릿광대 노릇을 하게 되면 항상 죽어 버리게 마련이다.

하지만 군중의 표정은 굳어 있지 않다. 대부분이 가난한 이들, 직업은커녕 동전 한 푼도 없는 이들로 보인다. 착취와 빈곤은 그들의 어깨에 무겁게 내려앉은 삶의 일부가 되어 버렸다. 그들은 영원한 자연 선택과 소모의 과정을 보여 주는 한 단면이다. 그럼에도 그들은 분개하지 않고 선한 주님께 오라며 사납게 외쳐 대는 목사의 장광설을 참을성 있게 들어 주고 있다. 목사의 독설과 비난에도 군중의 일부는 위안을 얻은 모습이다. 잠깐이나마 실업과 헛된 일거리 찾기, 얼얼한 허기와 쑤신 발로 점철된 일상의 굴레에서 벗어나 다른 세상을 엿볼 수 있었기 때문이다. 한 늙은 여자가 어둑한 문간에 서서 기대에 가득 차 귀 기울이다가 눈물지으며 기도문을 중얼거린다. 하지만 대부분의 사람은 믿을 수 없다는 듯 웃는다. 노래가 바뀌자 아무도 따라 부르려 하지 않고 한 사람 한 사람 조용히 그 자리를 떠난다. 심지어 이 소박한 영혼들에도 우리 시대의 회의주의가 스며든 것이다. 운이 좋아 편히 사는 내가 세속적 안락은 물론 위로가 되는 신앙조차 빼앗긴 이 사람들의 절망을 어찌 헤아릴 수 있겠는가?

이렇게 된 것은 오늘날의 과학이 ―그 경이로운 창조물로 인해 이제는 사람들이 과거에 목사를 신뢰했던 것만큼 신뢰하게 된 과학이― 사람들에게 말해 주었기 때문이다. 과거 그들에게 행복을 약속했던 하늘은 그저 푸른색의 무無이고 차갑고 텅 빈 공간에 불과하며, 그 사이로 천사들이 노닐었던 저 구름은 지구에서 증발한 수증기일 뿐이라고.

과학은 위안을 주지 못한다. 죽음을 줄 뿐이다. 천문학자들이 규명 중인 우주부터 아름다움과 웃음과 생기를 뿜어내는 여대생까지, 모든 것은 소멸하게 마련이다. 지금 막 운동 경기에서 우승한 저 꼿꼿하고 활기찬 미청년도 내일이면 어느 보잘것없지만 끈덕진 세균에 감염되어 땅속에 눕게 되리라. 완벽함으로 당대를 풍미했고 백만의 영혼이 아름다운 음악에 빠져 그들 자신을 잊게 만들던 저 고귀한 피아니스트도 이미 죽음의 손길에 붙들려 십여 년 뒤면 무덤 속에서 썩어 가리라.

이 시대에 가장 중요한 문제는 '공산주의냐 개인주의냐' 하는 것도, '유럽이냐 미국이냐' 하는 것도, 심지어 '동양이냐 서양이냐' 하는 것도 아니다. 바로 인간이 신 없이 살아갈 수 있느냐 하는 것이다. 종교는 철학보다 심오하며, 지상에서 인간적 행복을 구하기를 거부했다. 종교는 인간의 희망을 지식이 결코 가닿을 수 없는 곳인 무덤 속에 가져다 두었다.

어쩌면 아시아가 유럽보다 더 심오했고 중세가 근대보다 더 심오했는지도 모른다. 그들은 과학으로부터 항상 적당히 거리를 두었기 때문이다. 과학은 가닿는 모든 것을 죽이고 영혼을 뇌로, 생명을 물질로, 인격을 화학으로, 의지를 운명으로 전락시키기 마련이니까. 어쩌면 어느 대담하고 금욕적이며 아직도 종교적 열정이 강한 인종이 죽음과의 '과학적인' 사랑 속에서 환멸에 빠진 서구인들을 사로잡아 흡수하게 될지도 모른다. 그러니까 이것이야말로 사상의 최종 승리인 셈이다. 모든 사회는 분열될 것이며 마침내 사상가 자신마저 무너지리라. 어쩌면 사상의 발명이야말로 인류의 근본적 실수가 아닐까?

사상은 제일 먼저 도덕을 붕괴시켰다. 도덕에서 초자연적 처벌과 신성을 제거하고 그것이 경찰관을 보호하기 위해 고안된 사회적 도구일 뿐임을 폭로함으로써 말이다. 그런데 신 없는 도덕이란 경찰에게 순찰차가 없을 때의 교통법규만큼 허약하기 마련이다. 다음으로 사상은 섹스와 양육을 분리해서 사회에 균열을 만들었다. 방탕함이 처벌받지 않게 하고 개인을 인류로부터 해방시켰다. 이제는 무지한 자들만이 자손을 번식한다. 마지막으로 사상은 사상가 자신에게 천문학, 지질학, 생물학, 역사학에 근거한 파노라마를 보여 주어 그를 무너뜨렸다. 파노라마 속에 보인 그 자신의 모습은 우주의 하찮은 파편, 무한한 시간 가운데 덧없는 한순간이었다. 그는 자신의 의지와 미래에 대한 믿음을 빼앗겼고, 운명에서 모든 고귀함과 위엄을 박탈당한 채 나약한 의존과 무기력 상태에 빠졌다.

그리하여 이 최후의 잔혹극에서 철학은 과학과 손을 잡고 파괴에 착수한다. 철학이 그토록 오만하게 설파하고 열렬하게 추구하는 총체적인 시각이야말로 의지와 환희의 (매우 드물지만) 가장 위험한 적이다. 세상이 그토록 거대하고 생물 종은 무수히 많으며 시간은 무한한 것이라면 한 개인이 그 어떤 의미나 존엄을 지닐 수 있겠는가? 지식이 늘어나는 자에게는 그만큼 슬픔도 늘어나며, 지혜는 딱 그만큼의 허무뿐인 것을.

바로 이것이 우리 시대가 직면한 난제다. 이 난제 앞에서는 철학과 종교, 경제학과 정치학에 관련된 다른 모든 문제가 무색해지며, 우리 경제 체제의 명백한 몰락조차 심각하게 고민할 가치가 없는 사소하고 일시적인 것으로 보인다.

여기까지 읽고 당신의 마음이 불편해졌다면 다행이다. 이제 당신의 지적 자산에서 믿음의 기반을 찾아보라. 이 절망의 철학에 대한 당신 자신의 답변을 성실하게 작성해 보라. 최악을 인지하고 최선을 칭송하며 의식 있게 살아가기를 바라는 우리가 이성적 삶이라는 허울을 유지하려면 이 모든 회의에 답을 제시해야 하기 때문이다.

2부

현대인의 불만에 관한 상념들

7

문인들의 응답

1931년 여름, 1장에서 언급한 편지를 현대의 삶과 사상에 밝은 백여 명의 권위자들(일부는 지금보다 당시에 더 유명했던)에게 발송했다. 답장의 출판을 허가해 달라는 요청도 함께 동봉했다. 수신자의 상당수가 이런 논의에는 연루되고 싶지 않아 답변할 수 없다며 양해를 구해 왔다. 특히 공직에 있던 이들은 이처럼 민감한 문제에 솔직하게 답하기를 꺼렸다. 그들의 직위가 (적어도 어느 정도는) 제복 입은 자들의 호의에 달려 있었기 때문이다. 나는 그들을 충분히 이해했다. 내 편지가 공인들 입장에서는 지나치게 내밀하고 개인적인 의견을 꼬치꼬치 캐묻는 내용일 수 있다는 건 사실이다. 게다가 민주 국가에서 직위를 유지하는 특권을 위해서는 온화한 위선이라는 비싼 값을 치러야 한다는 것도 잘 알고 있다.

이런 상황을 고려할 때 내가 받은 답장들의 길이와 성실함은 상당히 놀라운 것이었다. 우리 시대의 가장 위대한 소설가이며 현재 실업자들의 투쟁에 몰두해 있는 시오도어 드라이저에게서는 1931년 6월 23일자 소인이 찍힌 답장이 왔다.

시어도어 드라이저(Theodore Herman Albert Dreiser, 1871-1945) 미국의 소설가. 젊은 시절 신문기자, 잡지 편집자로 활동했으며 미국 사회의 모습을 적나라하게 표현한 『아메리카의 비극』, 『마틴 에덴』 등의 작품을 발표해 명성을 얻었다.

✉ **시오도어 드라이저의 답장**

내게는 당신의 편지가 '인생의 의미 혹은 가치는 무엇일까요?'라는 당신의 질문에 대한 최선의 답변처럼 느껴집니다. 만약 나에게 당신이 제시한 과업을 수행할 시간이 있었더라면, 정말이지 당신만큼 통렬한 답장을 썼을 겁니다.

현대 미국 문학과 사상에 그 누구보다도 큰 영향을 미친 이 시대의 선도적 비평가 헨리 멩켄은 다음과 같은 솔직한 답장을 보내 왔다.

✉ **헨리 멩켄의 답장**

당신의 질문은 간략히 말하자면 내가 인생에서 어떤 만족을 얻는가 그리고 무슨 이유로 계속 살아가는가 하는 것이군요. 내가 계속 살아가는 것은 암탉이 계속 알을 낳는 것과 똑같은 이유에서입니다. 모든 생물의 내면에는 활동적으로 기능하려는 모호하지만

헨리 멩켄(Henry Louis Mencken, 1880-1956)
미국의 평론가. 같은 시기에 활동한 조지 네이선과 함께 『아메리칸 머큐리』를 창간해 미국 사회와 문화를 비판하는 데 앞장섰으며, 미국 문학의 독립을 주장해 이후 신흥 문학 발전에 큰 역할을 했다.

강력한 충동이 존재하지요. 삶은 살아가기를 요구합니다. 건강한 유기체에게 무위無爲란, 활동성이 폭발하는 사이사이의 회복 수단이 아닌 이상 고통스럽고 위험하며 사실상 거의 불가능한 것입니다. 진정한 무위는 죽음뿐이지요.

물론 개체 활동의 구체적인 형태는 그가 세상에 갖고 태어난 수단, 다시 말하면 개체의 유전에 따라 결정됩니다. 나는 암탉처럼 알을 낳지는 않습니다. 그럴 수단이 없으니까요. 같은 이유로 국회의원에 당선되거나 첼로를 연주하거나 대학교에서 형이상학을 가르치거나 제철소에서 일하지도 않지요. 그저 내게 가장 쉽게 느껴지는 일을 합니다. 어쩌다 보니 나는 사상에 대해 강렬하고도 채워지지 않는 흥미를 품고 태어났으며, 그것들을 갖고 놀기를 좋아합니다. 게다가 그것들을 말로 옮기는 데 평균보다 나은 재능도 가지고 있지요. 나는 작가이자 편집자입니다. 언어의 중개인인 동시에 제조자이지요.

이 모든 것에 자유 의지는 그다지 개입하지 않습니다. 내가 하는 일은 불가해한 운명에 의해 결정되었지 스스로 선택한 것이 아닙니다. 어린 시절의 나는 명확한 사실에 대해서도 ―강렬하지만 부차적인― 흥미를 느꼈기 때문에 화학자가 되고 싶었습니다. 하지만 불쌍한 우리 아버지는 날 사업가로 만들고 싶어 하셨죠. 나 역시 때로는 상대적으로 가난한 모든 사람처럼 뭔가 손쉬운 사기 행각으로 돈을 많이 벌기를 꿈꿨습니다. 하지만 결국에는 작가가 되었고, 인생의 마지막까지 작가로 살 겁니다. 암소가 사리사욕으로 자신의 젖꼭지에서 진gin이 나오길 바란다 하더라도 평생 우유밖에 만들 수 없듯이 말이죠.

나는 대부분의 사람보다 훨씬 운이 좋았습니다. 내가 하고 싶었던 바로 그 일, 아마 무보수로라도 기꺼이 했을 일을 소년 시절부터 하면서 괜찮게 생활해 올 수 있었으니까요. 이런 행운을 누리는 사람은 내가 알기론 많지 않습니다. 수백만 명이 사실상 전혀 관심도 없는 직무를 수행하면서 생계를 꾸려 나가야 하지요. 나 역시 평균치의 괴로움을 겪은 건 사실이지만 그럼에도 불구하고 각별히 즐거운 삶을 살아왔다고 해야 하겠습니다. 괴로움 속에서도 늘 자유로운 활동에 따르는 막대한 만족감을 누릴 수 있었으니까요. 전반적으로 나는 정확히 내가 하고 싶었던 일을 해 왔습니다. 그것이 다른 이들에게 어떤 영향을 끼쳤는지에 대해서는 크게 관심 없습니다. 나는 남을 기쁘게 하기 위해서가 아니라 나 자신의 만족을 위해 글을 쓰고 출판을 해 왔으니까요. 마치 암소가 낙농업자에게 돈을 벌어 주기 위해서가 아니라 자신의 만족을 위해 젖을 내듯이 말입니다. 내 사상이 대체로 건전한 것이었다고 생각하고 싶지만 그것도 사실 별로 신경 쓰지 않습니다. 사람들이 그걸 받아들이든 거부하든 마음대로 하라지요. 난 그것들을 낳으면서 충분히 재미를 보았으니까요.

'내게 적합한 일' 다음으로 나의 행복을 위한 수단이 되는 것은 헉슬리의 표현을 빌리자면 '가정적인 애정'이라 하겠습니다. 가족 및 친구들과의 일상적인 교류 말이지요. 우리 집도 고통과 슬픔에 시달린 적은 있지만 심각한 논쟁이나 가난을 겪은 적은 없습니다. 나는 어머니와 누나들 그리고 내 아내와 지극히 원만하게 지내고 있습니다.

내가 교류하는 사람들은 대체로 매우 오랜 관계를 유지해 온 친구들입니다. 그중 몇몇과는 30년도 넘은 사이지요. 나는 알고 지낸 지 10년이 안 된 사람과는 좀처럼 사적으로 만나지 않습니다. 반면에 오랜 친구를 만나면 즐거워요. 일이 끝나면 항상 기쁘게 그들을 찾습니다. 우리는 전반적으로 취향이 같고 세상을 보는 시각도 아주 비슷합니다. 그들 대부분은 나와 마찬가지로 음악에 관심이 많아요. 내 인생에서 음악은 그 어떤 외부 요소보다 더 큰 기쁨의 원천이었습니다. 시간이 갈수록 더 많이 사랑하게 되었고요.

종교에 관해 말하자면 저는 무교에 가깝습니다. 어른이 된 후로 한 번도 진정한 종교적 자극이라 할 만한 것을 경험하지 못했습니다. 어렸을 때 주일학교를 다닌 탓에 기독교 신학에 노출된 적은 있지만 그걸 믿어야 한다고 가르침 받은 적은 없습니다. 우리 아버지는 내가 기독교를 있는 그대로 배워야 한다고 생각하셨지만 내가 그걸 수용해야 한다는 생각은 한 번도 한 적이 없으셨습니다. 아버지는 뛰어난 심리학자였어요. 내가 주일학교에서 얻은 것은 ―찬송가에 관한 전반적 지식을 제외하면― 기독교 신앙이 그저 명백한 불합리로 가득하며, 기독교의 신은 미신적이라는 확신뿐이었습니다. 그때 이후로 신학 책을 여러 권, 아마도 보통의 성직자보다 훨씬 많이 읽었습니다만 결코 내 마음을 바꿀 만한 이유를 찾지는 못했습니다.

기독교의 숭배 행위는 내게 고귀하기보다 오히려 천박해 보입니다. 존경할 게 아니라 비난해야 마땅할 존재 ―정말로 존재한다면 말입니다만― 앞에서 굽실거릴 것을 요구받지요. 세상에서 소위 신의 선량에 대한 증거를 찾기는 어렵습니다. 오히려 평소 활동에 비추어 보면 그는 가장 어리석고 잔인하고 사악한 자가 분명해 보입니다. 이런 말을 하는 데 양심의 가책은 전혀 없습니다. 신은 내게는 썩 잘해 준 편이니까요—사실 무척이나 정중했죠. 하지만 나머지 대부분의 인간을 그가 얼마나 야만적으로 학대했는지 생각하지 않을 수는 없습니다. 전쟁과 정치, 신학 공론과 암을 만들어 낸 신을 숭배한다는 건 나로서는 도무지 상상할 수 없는 일입니다.

나는 불멸을 믿지 않고 불멸하고 싶은 욕망도 없습니다. 불멸에 대한 믿음은 열등한 인간의 유치한 자아에서 비롯된 것입니다. 그것의 기독교적 형태는 대체로 이승에서 더 잘살았던 자들에게 복수하려는 수단에 지나지 않습니다. 인생의 의미가 무엇인지 나는 모릅니다. 사실 전혀 존재하지 않는 게 아닐까 의심스럽고요. 내가 아는 건 삶이 적어도 내게 있어서는 지속되는 동안 상당히 즐거웠다는 것뿐입니다. 심지어 고난을 겪던 때도요. 더구나 그런 고난은 내가 인간에게서 가장 감탄하는 특성 —용기나 그 비슷한 것들— 을 길러 주기 마련입니다. 내 생각에 가장 고귀한 인간은 신과 싸워 그에게서 승리를 거두는 자입니다. 나는 살아오면서 그럴 일이 거의 없었지만요. 죽을 때가 되면 나는 기꺼이 무無 속으로 스러질 것입니다. 아무리 근사한 쇼라도 영원히 근사할 수는 없는 법입니다.

훌륭한 글이다. 이 편지 전체를 책에 실으려니 보물이라도 훔치는 것 같은 양심의 가책이 느껴진다. 언젠가는 멩켄 씨도 나의 글을 가져다 쓰는 영예를 베풀어 주리라고 믿는다. 그가 내 글 중에서 이만큼 솔직하고 겸허한(멩켄이 자신을 암소와 암탉에 견주어 분석한 것처럼) 내용을 찾아낼 수 있다면 말이다. 이 편지에서 멩켄은 단순히 『아메리칸 머큐리』의 편집자에 그치지 않는 다채롭고 섬세한 면모를 드러낸다. 그는 음악과 자신의 가정을 '사랑'하는 것을 두려워하지 않고 아내와 사이 좋게 지냄으로써 우리 문학계 전반의 관습에 과감히 맞서고 있다. 물론 그가 일부일처제를 감당할 만한 나이가 되고 나서야 결혼할 만큼 현명했기 때문이겠지만.

어쩌면 그는 자신의 천성에 숨겨진 섬세함과 부

드러움을 두려워하고 불신하기 때문에 기계론과 결정론이라는 현실적 철학을 고수하는지도 모른다. 그는 초자연적 위안을 구하려는 인류의 영원한 갈망에 대해서 그 어떤 공감도 드러내지 않을 것이다. 우리가 받은 답장 전체를 살펴봐도 이만큼 직설적인 답변을 또 찾을 수 있을지 의문이다. 멩켄 씨는 종종 비관주의자로 간주되어 비난받지만, 세상에 대해 비관적인 사람이라도 실제 삶에서는 유쾌하고 괜찮은 친구일 수 있다. 충분히 가능한 일이다.

그럼 이 시대의 가장 유명한 소설가 싱클레어 루이스의 편지를 보자. 그는 우리 가엾은 위선자들에게 영합하고 싶은 생각이 별로 없는 것 같고, 그의 저서들로 미루어보건대 냉소와 분노로 가득한 사람처럼 보인다. 하지만 그의 소박한 답장은 기계론과 무신론에서 무조건 비통함과 절망만 나오는 건 아니라는 사실을 보여 준다.

✉ **싱클레어 루이스의 답장**

내 생각에, 인생을 살 만하게 만들거나 비통함에 위

안을 얻기 위해 어떤 형태로든 종교가 필요하다는 믿음은 잘못된 것입니다. 종교 속에서 자라 성인기에 종교를 잃게 되면 상실감에 시달릴 사람이나 사고방식 전체가 종교에 길든 사람이라면 예외겠지만요. 나는 교회에 관해 전혀 생각하지 않고 기독교 신학을 비롯하여 그 어떤 종교적 관점도 없이 자라난 젊은이들을 많이 알고 있습니다. 그들이 배운 윤리는 신의 율법이 아니라 사회적 편의를 위한 것입니다.

내가 보기에 그들은 충분히 행복하고 목적의식이 뚜렷하며 인생에 열의도 있습니다. 자신의 모든 고민을 신이나 신의 지역 대리인인 목사에게 떠넘기도록 훈련된 그 어떤 사람에게도 뒤지지 않을 정도지요. 그들의 만족감은 사회에서 건전하게 제 기능을 하는 것과 심신 활동에서 —테니스를 치든 천문학적 문제를 연구하든— 나옵니다.

나는 또한 그들 대부분이 나이가 들어도 종교적 위안의 필요성을 전혀 느끼지 않을 것이라고 믿습니다. 평생 그런 식으로 지내 왔지만 완벽히 평화로운 상태로 살아가는 노인도 몇 명 알고 있으니까요. 클래런스 대로는 74세의 무신론자이지만 그 어떤 주교보

싱클레어 루이스(Harry Sinclair Lewis, 1885-1951)
미국의 소설가. 제1차 세계대전 이후 경제 성장이 활발해지며 물질만능주의, 표준화 등이 팽배한 미국 사회를 풍자하는 작품을 주로 썼다. 대표작은 『배빗』. 1930년 미국인 최초로 노벨문학상을 수상했다.

다 인생의 모험에 대해 유쾌하고 적극적이며 '영적인' 태도를 지니고 있습니다. 나이 든 주교의 경우 천국에 대한 열망보다 지옥에 대한 공포가 앞서곤 하니까요.

내가 연극을 보러 갈 때 그 내용을 창작하고 연출한 이가 신이 아니라고 해서 즐거움이 줄어들진 않습니다. 연극은 영원히 지속되는 게 아니라 11시면 끝날 것이고, 대부분의 내용은 몇 달 후면 내 기억에서 사라질 것이며, 그것이 내게 특별히 도덕적인 영향을 미치지도 않겠지만 상관없습니다. 그리고 나는 그런 연극을 즐기듯이 인생을 즐깁니다.

이 편지 내용을 인용하고 싶다면 원하는 대로 하십시오.

위의 세 답변 모두 기계론 혹은 유물론을 당연한 것으로 받아들이고 있다. 우리 시대 문학의 가장 특징적인 성취는 이런 암묵적 전제하에 이루어졌다. 한 세대의 철학은 다음 세대의 문학이 된다. 우리 시대의 소설과 연극 –토마스 만과 아르투어 슈니츨러, 막심 고리

키와 허버트 조지 웰스, 시어도어 드라이저와 싱클레어 루이스, 에른스트 톨러와 유진 오닐의 작품들- 은 찰스 다윈과 허버트 스펜서, 니체와 칼 마르크스의 철학을 반영한다. 쇼는 베르그송으로 옮겨 갔고, 오닐은 쇼펜하우어에 프로이트를 추가하여 미국의 소포클레스가 되었다. 1932년의 과학이 1859년의 철학을 지극히 의심스럽게 만들었다는 사실을 문학계는 아직 발견하지 못했다.

아니, 방금 내가 한 말은 잘못되었다. 우리 시대를 주도하는 작가 모두가 기계론의 깃발 아래 모여든 것은 아니다. 존 어스킨은 그가 느낀 의구심을 특유의 세련되고 관용적인 필치로 서술하고 있다.

✉ **존 어스킨의 답장**

인류는 사상사에 있어 두 가지 큰 실수를 저지른 것처럼 보입니다. 하나는 정신적 삶도 육체적 삶만큼 자연스럽다는 사실을 잊어버린 겁니다. 철학자들이 인간에게 영혼이 있다는 것을 인정하든 하지 않든, 우리가 스스로 꿈과 이상을 생성하며 가치관을 수립하는 그 어떤 특성을 가지고 태어났다는 점은 명백해 보입니다.

나는 우리가 가지고 태어난 이런 인간적 천성을 온전하게 받아들이려는 편입니다. 자연이 일원적인지 이원적인지 하는 문제로 쓸데없이 논쟁할 필요는 없습니다. 이 세상에 궁극적인 목적이 있으리라 상상하고 그것을 신으로 숭배하는 행위는 내게 자연스럽게 느껴지며 남들도 아마 그러리라 생각합니다. 신에 대한 인간의 이해가 시대와 지역에 따라 크게 다르다는 점은 내게 그리 불편하지 않습니다. 다양성은 이 세상에서 우리의 자연적 조건인 것처럼 보이니까요. 인생을 이런 관점에서 생각해 보면, 종교는 인간이 자아를 벗어나기 위해 하는 일종의 예술 행위라고 정의할 수 있을 겁니다. 그것은 이슬람교나 가톨릭, 혹은 현재 러시아의 공산주의와 같은 형태로 나타날 수도 있겠지요. 어떤 사람들은 종교를 예술로 정의하는 것에 화를 내겠지만 그건 그들이 나만큼 예술에 중요성을 부여하지 않기 때문일 것입니다. 나는 이상을 설정하고 실현하려는 인간 천성의 모든 작용을 가리켜 예술이라 부르고 싶거든요.

(……)

우리의 정신적 삶이 육체적 삶만큼 자연스럽다는 사실을 인식하지 못한 것이 하나의 실수라면, 아마도 더욱 흔할 또 하나의 실수는 우리의 정신적 이상을 실제 현실과 혼동한 것입니다. 우리가 이상을 이상으로 ―언젠가 성취하길 바라는 목적으로― 추구하려 한다면 아마 서로 다른 목적을 가진 동료 인류에게도 더욱 상냥해질 수 있을 겁니다. 하지만 역사에서 볼 수 있듯이 열렬한 신앙은 종종 우리를 어리석을 만큼 고지식하게 만들지요.

(……)

인생이 하나의 예술이라고 말한다면 어떤 이들은 내가 묘사하는 인간의 천성에 윤리관이 결여되어 있다고 하겠지요. 나는 윤리적 제재가 인간 본능에 내재해 있으며 그 목적은 인생을 예술 작품으로 만드는 것이라고 믿습니다. 우리는 종종 "앵초꽃 핀 향락의 길"*에 관해 이야기하지만, 선한 삶이든 악한 삶이든 힘겨운 것이며 고난과 역경으로 가득하다는 것도 잘 알고 있습니다. 흔히 구원으로 가는 길이란 좁다고들 말합니다. 죄인의 길은 험난하다고도 말하지

---

* 윌리엄 셰익스피어의 희곡 『햄릿』 1막 3장을 인용한 것이다.

요. 우리가 할 수 있는 유일한 선택은 어떤 삶의 방식에 자신의 노고를 쏟겠는가 하는 것입니다. 나는 인간 내면의 신성한 요소란 우리가 기억될 가치가 있는 삶을 지향하도록 만드는 그 무엇이라고 생각합니다. 남에게 피해를 주는 대신 도움을 주고 지혜와 평화라는 인류 공동의 유산을 확장하는 삶 말입니다.

우리 시대의 가장 건실한 영혼 중 하나인 역사가 찰스 비어드는 겸손한 인간이 무한을 논할 때 드러내기 마련인 모호함을 담아 이렇게 답장했다.

✉ **찰스 비어드의 답장**

당신이 던진 질문은 매우 중요합니다. 아마도 인간이 제기할 수 있는 가장 중요한 질문일 것이며 대답하기가 어렵거나 불가능할지도 모르겠습니다. 그렇다 해도 이 질문을 외면할 수는 없기에, 이제 그림자가 동녘으로 기울어 가는 저도 조금씩 불안해지는 마음으로 자문해 보곤 합니다. 오래전에 아마도 시인

밀턴이 이렇게 말했지요. “진실은 처음엔 ‘끔찍한 모습’으로 우리 앞에 나타난다.” 다시 말해 진실이란 우리 기존의 망상과 확신을 어지럽히기 마련이라는 것입니다. 하지만 시간이 지나면서 우리는 진실에 익숙해지고 그것을 있는 그대로 삶에 받아들이게 되지요.

그리하여 우리는 계속 나아갑니다. 소중히 간직했던 이상의 일부가 무너져 다시는 복구되지 못할 것처럼 보일 때도 말이지요. 왜일까요? 우리도 모릅니다. 추측할 수 있을 뿐이지요. 한 가지 대답은 우리가 내부의 생물학적 동력에, 다시 말해서 생계를 유지하고 그 과정에서 지게 된 온갖 의무를 수행할 필요성에 끌려가고 있다는 것입니다. 하지만 그것만으로는 충분한 설명이 못 됩니다. 많은 사람이 인생에서 누릴 수 있는 온갖 풍요를 확보하고 난 후에도 계속 일합니다. 윌리엄 로이드 개리슨*처럼 점점 패색이 확연해지는 상황에서도 굳건히 싸워 나가는 사람도 있지요.

우리 자신을 분석해 보면 서로 상충하는 원동력들을 발견하게 됩니다. 우리는 때때로 소름 끼치게 이

---

* 19세기 미국의 사회개혁가이자 여성 참정권 운동가.

기적이며 오직 자신의 이득만을 고려합니다. 그런가 하면 숭고한 전율을 느끼고 고귀한 행동에의 소명을 인식하는 법열의 순간도 있지요. 성별과 계급을 막론하고 누구나 그런 것처럼 보이며, 각각의 결과는 그저 비율 문제인 듯합니다.

역사의 대하드라마를 내려다보는 나의 입장에서 말하자면 명백한 혼돈과 비극 속에서도 법과 질서의 존재를, 재앙에 굴하지 않는 인간 정신의 거대한 성취를 발견하곤(적어도 그렇게 느끼곤) 합니다. 확실한 것은 세계가 단순히 인간들이 진창 속에서 서로를 짓밟다 죽어 버리는 늪지대는 아니란 점입니다. 잔혹함과 비극 한가운데서 감동적인 사건들이 일어나며, 이 같은 인류의 흥미로운 유산 중에 가장 고상하고 훌륭한 것들을 널리 퍼뜨리는 일이야말로 지성인에게는 최대의 과제라고 하겠습니다. 설사 우주의 시초에 큰 그림 같은 것은 없었다 해도, 인류는 뚜렷이 존재하는 진리의 파편으로 그 그림을 완성할 수 있습니다. 선한 삶에 대한 인식은 인간에게 분명히 존재하는 철학적 유산이며, 우리는 기술을 통해 자연을 극복하고 전 세계 대중에게 선한 삶의 여건을 제공

찰스 비어드(Charles Austin Beard, 1874-1948)
반제국주의 성향, 자본주의에 회의적인 시각을 가진 급진적인 역사학자. 1930년대 미국에서 가장 영향력 있는 학자 중 한 명이었다.

할 능력을 얻었습니다. 내게는 그 점이 역사라는 드라마의 가장 매력적인 가능성으로 보입니다. 그 가능성에 대한 신뢰야말로 가장 끔찍한 환멸의 순간에도 나를 계속 나아가게 하는 원동력입니다. 선한 삶, 그 자체로 사랑받고 즐거운 삶이 승리하게 하는 과업과 직결되는 지적 노동 말입니다. 이런 소소한 철학과 생각의 순환 속에서 나는 내 작은 물레방아를 계속 돌리고 있습니다. 내가 세상을 보는 관점은 이렇

습니다. 그리고 심오한 사상가들도 그저 이런 세상
에서 발견한 것만을 말할 수 있겠지요.

시인이자 평론가인 존 카우퍼 포위스의 답장은
문학적 영혼이 현대성이라는 가면 뒤에서도 여전히
간직하고 있는 이상주의를 가장 뚜렷한 형태로 보여
준다. 그는 내 평생 만나본 사람 중에 가장 심오하고
예리하며 고상한 천재라는 점을 반드시 말해 두어야
하겠다.

✉ **존 카우퍼 포위스의 답장**

조직화된 초자연주의의 몰락, 그리고 인간에게 꼭
필요한 사회적 자유 및 문화가 결핍된 각국의 정치
조직은 개인을 그 자신에게로 내던져 버렸습니다.
그가 믿음, 희망, 행복의 비결을 재발견할 수 있는 것
은 오로지 자기 안에서, 자기만을 위해서입니다.
이런 삶의 비밀과 연결되는 지극히 경이로운 힘, 가
치, 감각을 우리는 여전히 자연 속에서 발견할 수 있

존 카우퍼 포위스(John Cowper Powys, 1872-1963)
영국의 철학자, 소설가, 시인, 평론가. 신비주의와 현실주의가 얽힌 회의주의적 세계관을 가진 특이한 작가였다. 소설집 『글래스턴버리 로맨스』, 시집 『루시퍼』 등을 펴냈다.

습니다. 약자도 거의 강자에 뒤지지 않을 만큼 이를 만끽할 수 있지요. 개인의 신비적 삶이라는 맑은 샘물은 지나가는 사상의 유행이 파괴할 수 있는 범위를 완전히 벗어나 있습니다. 게다가 그 어떤 정치적·경제적 조직이나 혼란 속에서도 유지될 수 있지요. 자연은 강자만큼 약자에게도 다정합니다. 진실은 법과 방법론의 합리적인 일반화가 아니라 직관적 성장 속에 있습니다. 그런 성장에는 개인의식과 자연 간의 섬세한 적응이라는 고도의 유기적 과정이 따릅니다. 자연과 생명의 신비에 대한 개인적 체험은 자유 의지, 영혼의 원동력, 존재의 신비론적 해석 속에서 믿음의 자리를 되찾아 줍니다. 개인의식은 자연에 적응하며 자신의 소명과 아름다움, 진실, 경건함, 행복을 발견하고 그 외의 모든 것을 역설적인 조심스러움과 너그러움으로 대합니다. 이 문제에 있어서 시대에 따른 논리적 유행은 전혀 중요하지 않습니다.

개인의 자아는 과학이 자연을 대하는 방식과는 반대로 개별적 방식에 의지해야 하며, 슈펭글러가 괴테를 인용하여 '상모적 관점'physiognomy vision이라고 불렀던 것을 실천해야 합니다. 모든 일반화와 설명을 조심스럽고 내밀하게 의심하는 한편 개별적인 자연 현상 자체에는 어린아이처럼 신선한 감탄을 유지하는 관점 말이지요.

개인의 삶에 겸허한 동시에 비판적이며 내밀한 사상과 감정의 자유를 어느 정도나마 복구하기 위해, 외부 조건을 육체와 영혼의 요구에 최대한 맞게 교묘히 비트는 동시에 개인 행복의 맑은 샘물을 외부에 대한 의존에서 해방시키기 위해, 필수적인 것에는 수위를 회복하려는 물처럼 유동적이고도 완강한 동시에 필수적이지 않은 것에는 타협할 수 있기 위해, 자연과 생명에 대한 '합리적인' 해석을 자신의 위치와 한계 내에서 가능한 한 활용하되 '경이로움'에 대해서도 열린 마음을 유지하기 위해, 잔혹한 이기심뿐만 아니라 불건전한 연민에서도 자유롭기 위해, 눈앞의 모든 화려함을 언젠가는 죽음에 의해 끝날지 모를 꿈속의 꿈으로 인식하기 위해, 모든 잔인함은 사악하며 모든 생명은 신성하다는 것 외에는 그 무엇도 확신하지 않기 위해서 말입니다. 그리하여 개인은 어마어마한 우주에서 그에게 적절한 위치, 신비로움에 대한 인간 의식의 전념과 비교하면 부차적인 중요성밖에 없는 위치로 환원될 것입니다. 그리고 그 의식 안에 존재하는 것은 '그 자체로 삶을 영원하게 만드는 간절함'이겠지요.

시인이란 유물론 철학의 냉혹한 판결을 받아들일 수 없게 마련이다 – 그리고 포이스는 뼛속까지 시인인 사람이다. 시인은 보통 이상주의적이며, 마치 대학 운동선수가 쓴 편지에서처럼 보란 듯이 무신론을 과시하면서도 한편으로 자신이 부정한 신을 향해 찬송가를 부르곤 한다. 앨저넌 찰스 스윈번이 그랬고 퍼시 비시 셸리와 존 키츠도 그랬다. 시는 기계론의 손길이 닿으면 죽어 버리고 생명과 성장이라는 주제 아래에서 번성하기 때문이다. 거의 태초부터 시는 이 세상의 영적인 해석에 바쳐져 있었다. 우리 시대 미국의 가장 뛰어난 시인이 기계론을 맹렬하게 반박하는 편지를 읽어 보자.

✉ **에드윈 로빈슨의 답장**

이제야 편지에 답을 드리게 되었습니다. 그간 합당한 답변이 될 만큼 심오하거나 가치 있는 말을 찾지 못했기 때문입니다. 언젠가 어느 철학자에게 이렇게 말한 적이 있습니다. 만약 그의 동료 중 한 명이 진리를 발견하면 나머지 철학자는 전부 실업자가 될 거라고요. 그런데 선생님이 이렇게 편지를 보내 진리를 발견했다고 말씀하신 –적어도 암시하신– 겁니다. 우리 인간은 점점 더 끔찍해질 뿐이라고(그런 게 가능하다면) 말입니다. 이는 내게 분노와 굴욕감을 자아내는 일일 수밖에 없었습니다. 나로서는 전혀 들은 바 없는 이야기니까요. 인간이 최근 들어 물질세계에 관해 방대한 지식을 획득한 것은 사실입니다. 하지만 진리 그 자체에 관한 지식을 말하자면, 돌도끼로 서로의 두개골을 쪼개곤 했지만 상상력은 풍부했던 선조들보다 딱히 우리가 더 그것에 가까워졌는지는 모르겠습니다. 두개골을 쪼개는 과정에서 머릿속을 빠져나간 영혼이 어떻게 되는지에 관해서도 우리가 선조들보다 더 잘 아는지 모르겠고요.

에드윈 로빈슨(Edwin Arlington Robinson, 1869-1935)
미국의 시인. 메인주 가디너의 작은 시골 마을에서 태어나 하버드대학교에 진학했으나 중퇴하고 뉴욕으로 건너가 시인이 되었다. 뉴욕에 정착한 첫 해에 바로 첫 시집을 냈지만 오랫동안 인정받지 못하고 세관에서 일하다가 40대 후반이 되어서야 아서왕 전설을 소재로 쓴 『멀린』, 『랜슬롯』, 『트리스트럼』이 퓰리처상을 수상하며 미국을 대표하는 시인 중 한 사람으로 인정받았다.

영혼이란 없다고 말하기는 쉬운 일이며 이 시대의 풍조와도 잘 맞습니다. 하지만 우리는 영혼이 있는지 없는지 모릅니다. 인간이 유물론자나 기계론자, 혹은 그 비슷한 존재라면 그토록 지속적이고 복잡하고 악마적이며 부조리보다도 더 끔찍한 공허에 대한 믿음으로부터 탈출할 수 없을 것입니다. 그리고 내가 아는 한 그토록 비극적인 부조리는 사실이 아닙니다. 또한 나는 천성적으로 그런 것이 존재한다고 믿을 수 없는 사람입니다. 절멸에 대한 생각은 내게 전혀 두려운 것이 아닙니다. 최악의 경우라고 해봤자 긴 하루가 —그날이 즐거웠든 힘들었든 아니면 둘 다였든— 끝나고 자러 가는 것보다 더 끔찍할 리는 없을 테니까요. 하지만 만약 삶이 우리에게 보이는 그대로라면, 아무리 개선과 개량이 이루어져도 과거는 물론 현재까지 인간이 서로에게 가하고 견뎌 온 고통을 보상하거나 속죄할 수 없다면…… 그 누구든 자신만의 빛을 따라가는 것 외엔 딱히 할 수 있는 일이 없을 겁니다. 그 빛이 늪지대에서 만난 도깨비불일 수도 있고 아닐 수도 있겠지만요.

현대적 '기계론자'의 독단은 내게 아무런 의미도 없

습니다. 그가 정말로 곰곰이 생각해 본다면 그 역시 마찬가지일 것이라고 생각합니다. 그의 입장은 어찌 보면 안개 낀 곶 위에 서 있는 무모한 탐험가와도 비슷합니다. 탐험가는 쌍안경이라는 최신 발명품으로 제 시야에서는 직접 볼 수 없는 대양을 내다보면서 그의 뒤에 있는 기계론자 친구들에게 자신이 세상의 끝을 발견했다고 외치겠지요.

내 답변이 일부 독자에게는 다소 모질게 들릴 수도 있겠지만, 이는 나 개인의 불평불만이 아니라 관찰과 숙고에 따른 결론입니다. 나 자신은 세상에 왔다가 가는 사람 중에서도 비교적 운 좋은 삶을 살았다고 말해야 할 테니까요.

지금까지의 답장은 모두 미국에서 온 것이다.* 이제 프랑스 최고의 유명 인사이자 지극히 관대한 인물이 보내온 답을 살펴보자. 『에리얼』, 『바이런』, 『디즈레일리의 생애』를 쓴 이 작가는 유려한 프랑스어로 다음과 같이 적어 보냈다.

* 존 카우퍼 포위스는 영국인이지만 1905년에서 1930년까지 미국에서 활동했다.

✉ **앙드레 모루아의 답장**

답장이 늦어서 죄송합니다. 파리를 떠나 있느라 한 참 뒤에야 질문지를 받아 보았는데 당신이 제시한 문제가 매우 흥미로워서 답변 삼아 아예 에세이를 한 편 썼습니다. 그 글을 보내 드립니다. 당연한 얘기지만 내용이 적당하다고 판단한다면 발췌하여 책에 실어도 좋습니다. 조만간 출간될 내 에세이집에는 확실히 실을 예정입니다.

우리의 소박한 토론을 위해 모루아 씨가 집필한 에세이는 볼테르나 아나톨 프랑스도 울고 갈 걸작이다. 그는 한 무리의 영국인 남녀가 로켓을 타고 달로 가는 데 성공하는 이야기를 썼다. 하지만 그들은 도착한 다음 계획대로 로켓을 지구에 돌려보내지도, 지구에 연락을 취하지도 못해 결국 달에 영구 정착할 수밖에 없게 된다. 10년이 지났고, "그동안 영국인 신사 숙녀 들은 여전히 잉글랜드에 있을 때와 똑같이 행동해 왔다. 총독인 찰스 솔로몬과 그의 아내는 매일 정장

차림으로 저녁 만찬에 참석했다. 영국 왕의 생일에 총독은 폐하를 위한 건배를 제창했고, 그러자 달 식민지의 모든 주민이 「신이여 왕을 보호하소서」를 웅얼거렸다. 감동적인 광경이었다."

2백 년이 지났지만 여전히 지구에서는 소식이 없다. 일곱 번째 세대는 멀리 떨어져 있는 데다 볼 수도 들을 수도 없는 왕을 믿기 어렵다며 어리석은 노인들이 희미하게 전승해 온 관습을 버리려고 한다. 왕의 존재 자체를 거부하는 불경한 학생 집단도 생겨난다. '영국과 아일랜드의 왕, 인도의 황제, 달의 보호자'이며 그의 이름하에 모든 법을 공표하고 모든 도덕률을 엄숙하게 승인하는 왕은 존재하지 않는다는 것이다. 보수파는 성을 내며 반박한다. "조심해. 너희가 우리의 왕과 우리에게 전통을 물려준 전설 속 영국인들의 존재를 지구에서 지워 버린다면 달에서의 생활도 훨씬 힘겨워질 거다. 그들이 아니라면 이곳에서의 삶에 어떤 의미가 남겠어? 어디에서 원동력을 얻을 건데? 어떤 내면의 가치에 의지해서 살아갈 거야?"

결국 급진파가 승리한다. "달의 젊은이들에게는 우울함과 낭만주의적인 절망의 시기였다. 성적性的 자유에 관한 실험은 심신에 심각한 불안정을 가져왔다. 자유 뒤에는 권태가 왔고 권태 뒤에는 반란이 왔다. 대중은 불만스러워했고 사람들은 힘들어했지만 문학만은 번성했다." 그때 위대한 철학자가 나타나 산문시를 통해 당대의 환멸을 비판한다.

> "어째서 삶의 의미를 삶 그 자체가 아닌 외부에서 찾으려 합니까?" 그가 물었다. "우리의 전설이 말하는 왕이 실제로 존재하느냐고요? 나도 모르지만, 그건 중요하지 않습니다. 내가 아는 것은 초승달처럼 가느다란 지구의 반사광 아래로 달의 산들이 아름답게 빛난다는 사실입니다. 태어난 이후로 한 번도 왕을 보거나 들을 수 없었으니 나 역시 그의 실제성을 의심할 만하지요. 하지만 나는 삶을, 순간의 아름다움을, 행동하는 기쁨을 의심할 수는 없습니다. 오늘날 소피스트들은 인생이라는 별의 궤도에서는 찰나에 불과하며 패배와 죽음 외에 확실한 것은 아무것도 없다고 가르칩니다. 하지만 나는 승리와 삶 외에는 아무것도 존재하지 않는다고 말하겠습니다. 우리가 죽음에 관해 무엇을 압니까? 영혼이 불멸한다면 우리

는 죽지 않을 것이고, 영혼이 육체와 함께 소멸한다면 우리는 자신이 죽었다는 사실도 모를 것입니다. 그러니 여러분이 영원한 존재인 것처럼 살아가십시오. 지구가 텅 비어 버렸다는 것을 확인했다고 해서 여러분의 삶이 바뀌었다고는 믿지 마십시오. 여러분은 지구에 사는 것이 아니라 여러분 자신 안에 살고 있습니다."

"그렇습니다," 모루아는 이렇게 말한다. "이 이야기는 미국인 질문자에게 적절한 대답이 되겠군요." 하지만 이것만으로는 썩 만족스럽지 않았는지 또 다른 세계를 궁리한다. 공원의 오솔길을 두 줄로 기어가는 개미 떼가 그의 눈에 들어온다. 한 줄은 개미탑에서 나오는 참이고, 한 줄은 그리로 돌아가고 있다. 양쪽 다 소위 '공공사업'에 종사하는 중이다. 문득 그는 "더듬이를 불안하게 쫑긋 세우고" 지혜로운 연설로 개미의 행렬을 멈춰 세우는 철학자 개미를 상상한다.

"내 자매들이여, 내가 그랬듯이 여러분 또한 개미의 세계만이 중요한 세계라고 믿어 왔을 것입니다. 위대한 개미가 이 세계를 굽어보고 있으며, 개미탑에 대한 헌신만이 우리의 모든 고통과 노고를 정당화해 줄 고귀하고 숭고한 감정이라고요. 한순간도 쉬지 않고 이 광활하고 위험한 사막을 가로지르며 지푸라기나 죽은 벌레를 나르는 일은 확실히 힘이 듭니다. 물줄기, 경사로, 우리를 잡아먹으려는 새들, 갑자기 허공에 나타나 춤추듯 다가와서 수백 마리 동료를 짓밟아버리는 저 두 갈래 진 덩어리를 무릅쓰고 나아가는 것은 영웅적인 행위지요. 각각의 개미가 개미탑이라는 더욱 큰 영광을 위해 자신을 온전히 바치면 이런 영웅적 행위도 한결 수월해집니다. 나도 예전에는 그리 믿었지요.

하지만 아아, 자매들이여! 나는 연구하고 숙고했습니다. 그리하여 내가 깨달은 것을 보십시오. 우리의 개미탑, 우주의 중심이며 위대한 개미가 특별히 관심을 기울인다고 우리가 믿었던 이곳은 수천 마리 다른 개미가 살고 있는 수천 개의 다른 개미탑과 전혀 다를 바가 없습니다. 그들도 각각 자기네 도시가 세계의 중심이라 믿고 있지요. 놀랐습니까? 하지만 이는 아무것도 아닙니다. 우리 개미들이 이루는 종만 해도 너무나 방대하여 구성원을 다 헤아릴 수 없을 정도지만, 그조차 세계에 존재하는 수천 가지 종 중에 단 하나이며 무수한 생물체 중 한 가지 형태에 불과합니다. 내 이야기를 거부하시겠습니까, 친애하는 개미 여러분? 하지만 이것도 끝이 아닙니다. 개미는 단순히 무수한 생물체 중의 하나일 뿐만 아니라 —이렇게 말하려니 제 자존심도 무척 아파옵니다만— 가장 연약하고도 보잘것없는 생물체입니다. 모래밭에서 우리를 짓밟는 저 두 갈래 진 괴물들은 스스로 이렇게 말하는 것을 겸손이라 생각합니다. "신들의 관점에선 우리도 개미 떼에 지나지 않아." 여러분은 내 말을 막고 싶습니까? 분노하고 있습니까? (……) 아아, 친애하는 개미 여러분, 저 괴물들을 용서해야 합니다. 그들 역시 겸손해지는 순간마저 스스로 자만심에 기만당하고 있는 것입니다. 인간들 스스로 주인이라고 생각하는 이 지구도 사실은 하나의 진흙 덩어리이며, 그들 종의 존속 또한 영원 앞에서는 찰나에 불과하니까요.

나는 인간들과 모래의 움직임, 별의 운행을 관찰하여 이 모든 것을 깨달았습니다. 만사가 허무할 뿐임을 알게 된 나는 여러분에게 이렇게 말합니다. 어째서 일해야 합니까? 어째서 모래알과 죽은 나비를 옮겨야 합니까? 어째서 길고 고된 행렬을 지어 위험한 사막을 건너가야 합니까? 이 지구에서 여러분의 노고에 어떤 보답이 있겠습니까? 여러분이 길러 낸 또 다른 개미 세대는 여러분 뒤를 이어 고된 노동을 하다가 인간의 거대한 발아래 짓밟힐 것입니다. 그리고 또 다른 개미 세대를 길러 내겠지요. 마침내 지구

앙드레 모루아(André Maurois, 1885-1967)
프랑스의 소설가, 전기작가, 평론가, 역사가. 본명은 에밀 살로몽 빌헬름 에르조그(Emile Salomon Wilhelm Herzog)다. 역사가로서 『영국사』, 『미국사』, 『프랑스사』를 썼고, 전기작가로서 『바이런』, 『디즈레일리의 일생』, 『셸리의 일생』 등을 썼다. 역사와 문학을 아우르는 다양한 분야의 저서를 통해 평단의 극찬을 받았다.

가 완전히 죽은 세계가 되어 버릴 그날 —한없이 멀고도 한없이 가까운— 까지 말입니다. 그래서 나는 여러분에게 말합니다. 멈추십시오. 이 무익한 노예 생활을 중단합시다. 더 이상 속지 맙시다. 우리를 굽어보는 위대한 개미는 없으며 진보는 환상임을 알아야 합니다. 고되게 일하려는 욕구는 그저 유전적 결과일 뿐이며 지구에서 확실한 것은 우리 개미의 패배와 죽음, 절대 깨어나지 않을 잠뿐이라는 것을 말입니다."

하지만 어느 젊은 개미가 철학자 개미를 점잖게 옆으로 밀어내더니 이렇게 말한다. "모두 좋은 말씀입니다, 자매여. 하지만 우리는 터널을 지어야 해요" 이어지는 모루아의 결론은 다음과 같다.

이 이야기 또한 미국인 철학자에게 답변이 될 수 있겠지요. 그가 말하길 과학은 우리의 사회생활이 지구 위 인간 벌레들의 번식 활동, 행성의 이끼 혹은 곰팡이에 지나지 않는다는 것을 알려 주었다고 하더군요. 하지만 벌레는 살고 싶어 하지 않을까요? 이끼라 해도 자기 보존 욕구가 없겠습니까? 게다가 과학이 인간 자신에 대한 믿음을 파괴했다는 게 사실일까요? 과학이 무엇을 했단 말입니까, 인간에게 그의 세계를 변형시킬 강력한 공식을 준 것 외에는? 인간은 과학 이전이나 그 이후나 이끼였습니다. 과학은 그저 인간이라는 이끼를 지구의 주인으로 만들었을 뿐이지요.

미국인 철학자는 이렇게 대답하겠지요. "변화한 것은 바로 이 점이지요. 과학이 생겨나기 이전에는 인간이라는 이끼도 자신이 이끼임을 몰랐습니다. 이 벌레들은 자기가 벌레에 지나지 않는다는 걸 몰랐지요. 인간은 자신의 존귀를 믿었습니다. 악마, 천사, 신이 항상 그들 위를 맴돌며 그들의 행동을 지시해 주었지요. 미래의 삶에 대한 희망이 현세의 슬픔을 잊게 해 주었습니다. 초자연적 권위가 뒷받침하는 의식과 법률이 인간을 절망과 회의로부터 구해 주었지요. 하지만 오늘날 어떤 신의 이름이 법을 지탱해 주고 있습니까? 오시리스는 부족의 신을 대체했고 주피터가 오시리스를 대체했으며 여호와가 주피터를 대체했지요. 하지만 아인슈타인이나 에딩턴이 인간의 욕망에 한계를 부과할 수 있습니까?"

산들바람이 불어오자 흰 벽에 드리워진 창문 블라인드의 그림자가 흔들립니다. 나는 이렇게 생각합니다. 맞아요, 인간은 규칙 없이 살 수 없습니다. 하지만 본능이 그러한 재앙으로부터 그를 지켜 줍니다. 법률 혹은 윤리의 안전망이 찢겨 나가는 순간 본능이 그를 보호하기 위해 또 다른 안전망을 짜내지요. 그 안전망은 신의 계명으로 만들어질 수도 있고 때로는 과학적 조언으로, 때로는 지상의 왕이 발표한 율법으로 만들어질 수도 있습니다. 무슨 차이가 있겠습니까? 달에 간 우리의 영국인들처럼 상징적 실체를 억누른다고 해 봅시다. 그러면 법이 예전보다 덜 현명해질까요? 결국 우리는 이런 법들을 계속 변화하지만 꼭 필요한 관습으로 받아들이지 않겠습니까? 그리고 마침내 인간의 경험을 넘어서는 모든 명제는 불확실한 것이라고 인정하지 않겠습니까? 우리가 아는 것은 우리가 모른다는 사실뿐입니다. 그것이 그렇게 끔찍한 고백입니까? 마치 소크라테스가 그렇게 말한 적이 없었던 것처럼 생소하게 들리는지요?

황혼이 내립니다. 멜빵바지 차림의 여관 주인은 벌

써부터 보도에 의자를 내놓고 앉아 있습니다. 동네 집집마다 창문에 불빛이 켜지며 차려진 식탁을 환히 비춥니다. 나는 자문해 봅니다. 내 마음속에 숨겨진 가치는 무엇일까? 독단에 대한 공포일까? 행동하는 것에 대한 애정일까? 갑자기 지붕들 뒤로 어둠이 내리고, 하늘을 가로질러 맑은 우윳빛이 퍼집니다. 달이 떠오릅니다.

여기서 잠시 쉬어 가자. 그 어떤 변변찮은 사족의 말도 이 정묘한 철학적 상상을 망쳐 놓지 못하도록 말이다.

(8)

연예인, 예술가, 과학자,
교육자와 지도자 들의 견해

✉ 윌 로저스의 답장

내게 이제야 어떤 생각이 떠올랐다면 너무 늦은 걸까요? 물론 철학적인 맥락에서는 아무것도 궁리해 내지 못했습니다만, 이런 경제 공황기에 사람이 얼마나 별난 생각을 다 하게 되는지 아마도 믿기 어려울 겁니다. 굶주림이 한 인간 내면의 가장 위대한 것을 이끌어 낸다고 흔히들 말하던데, 상황이 계속 이렇다면 우리 중 몇몇 사람에게서는 정말 끔찍하게 좋은 게 나오겠군요.

내가 얼마 전 주간지에 기고한 짧은 잡문이 있습니

다. 이미 한 번 다른 지면에 팔린 것이고 당신이 그걸 잘 다듬어 준다면 대가로 내가 받은 금액의 대부분을 드려야 하겠지만, 혹시라도 쓸모가 있다면 갖다 쓰셔도 좋습니다. 『선데이 신디케이티드 아티클』은 아무도 읽지 않기로 유명한 잡지인 데다가, 혹시라도 읽는 사람이 있다면 스물네 시간 전의 일도 잘 기억 못 하는 이들일 테니까요. 그 글의 한두 줄 정도는 소위 '철학'이라고 불리기에 충분할 만큼 개똥 같은 소리일 겁니다.

이쪽에 오시는 일이 있거든 한번 만나서 이야기나 나누면 좋겠습니다. 날 찾아오면 이 영화 업계에서 제법 명물이 될 수 있을 겁니다. 이쪽 사람들은 인생에 관해 상당히 비딱한 시각을 갖고 있거든요. 하여간 행운을 빕니다. 아무래도 세상이 어떻게 돌아가든 간에 사람들이 책 쓰는 걸 포기할 일은 없을 모양이니까요.

지금까지 나는 삶의 의미와 지식이 인간의 희망을 파괴할 가능성에 관한 질문에 응답해 준 최고의 명

사들에게서 온갖 일급 답변을 훔쳐 왔다. 내게서 받은 납을 금으로 바꿔 놓은 이 베벌리힐스 철학자의 교묘한 연금술을 보게 되니 나의 도둑질도 보람이 있구나 싶다. 그럼에도 나는 이보다 더 뛰어난 도둑이기에, 주간지에 실린 윌의 사설에서 그의 느긋한 상념 한두 조각을 (잡지사의 승인을 받아) 슬쩍해 오기로 했다.

> 나 역시 신문에 잡문을 쓰는 다른 사람들과 비슷한 분량의 우편물을 받는 듯하다. 대부분은 내가 신문에서 말한 뭔가에 동의하지 않는 사람들에게서 온 것이다. 이 세상 어딘가에서는 누군가가 나를 '돼지 같은 놈'이라고 부르게 마련이란 사실을 굳이 알려 주려고 하는 자들 말이다.
> 하지만 이번 주에는 흥미로운 편지도 있었는데, 그 중에서도 윌 듀런트에게서 온 편지는 나를 깜짝 놀라게 했다. 쿨리지 씨*가 정치를 연구하듯 철학을 연구한, 그리고 그만큼 자신이 선택한 분야에서 높은 경지에 이른 그 사람 말이다. (……) 그는 내가 '당신의 인생철학은 무엇인가?'라는 질문에 나름의 답을 적어 보내 주길 원했다. (……) 내 생각에 그가 쉽게

---

* 1923년에서 1929년까지 미국 대통령을 지낸 캘빈 쿨리지를 가리킨다.

윌 로저스(William Penn Adair Rogers, 1879-1935)
미국의 배우, 극작가, 영화제작자, 칼럼니스트. 특유의 재치를 가진 배우 겸 작가로 1930년대 할리우드 배우 가운데 가장 많은 돈을 벌었다. '대중문화의 개척자'로 불리기도 했지만 인기가 정점에 달했던 1935년에 비행기 추락 사고로 사망했다.

쓰인(철학적 이야기는 완전히 빠진) 글을 통해 확인하고 싶은 건 '결국 고등 교육을 받은 사람이 멍청한 사람보다 얼마나 더 행복하게 사는가?' 같다. 그러다 보니 질문을 받을 인물 명단에 내가 들어간 모양이다. 그는 내가 뭘 좀 아는 사람들만큼이나 행복하고 만족스럽게 산다는 사실을 알기에 내게서 식자층과 대조되는 '멍청이'의 관점을 얻고 싶었던 것이다.

교육이란 마치 성장하는 도시와 같은 것이다. 그런 도시 주민은 인구가 늘어나기 시작했다고 하면 흥분하며 '내년 말에는 5만 명' 같은 목표를 세운다. 대학 교육을 자신의 목표로 삼는 사람도 이와 마찬가지다. 도시 인구가 5만 명에 이르면 주민들은 이제 10만 명까지 가고 싶어 할 것이다. 그럼 교육받은 사람은? 역시 마찬가지다. 석사 학위를 따고 난 그는 다른 교수들도 모두 석사 학위를 하나씩 갖고 있으며 그중 상당수는 학위가 대여섯 개쯤 된다는 사실을 발견한다. 그는 자신이 뭘 알긴 하는지, 고민하느라 쓸데없이 시간을 보낸 것은 아닌지 걱정하기 시작한다. 뭔가 다른 길을 택했어야 한다고 후회하기도 한다. 나이 들고 시야가 폭넓은 속세의 사람들과 이야기해 본 그는 어쩔 줄 모른다. 그리하여 아마도 이제는 결국 교육이란 게 대체 뭔지 고민하기에 이른 모양이다. 일단 자기가 교육받은 분야를 떠나면 교육받았다는 사람만큼 멍청한 자도 없기 때문이다.
(……)
인생이란 결국 한바탕의 야단법석이다. 그러니 웃을 일을 만들자. 가능한 한 최선을 다하자. 아무것도 심각하게 받아들이지 말자. 지금 이 세대가 어찌할 수 있는 일은 확실히 아무것도 없기 때문이다. 각 세대는 이전 세대에도 불구하고 살아가는 것이지 이전 세대 덕분에 살아가는 것이 아니다. '지식을 구하려' 하지 말자. 간절히 구할수록 오히려 함정에 가까워질 뿐이니까.
하나의 이상에 헌신하지 말자. 그건 마치 호수처럼 보이는 신기루를 향해 말을 달리는 일과 같다. 도착했다고 생각하는 순간 호수는 이미 없을 것이다. 사후 세계에 관해 뭔가를 믿는 건 괜찮지만 그곳이 이러이러할 거라고 너무 확고하게 믿지는 말자. 그러면 그곳에서의 삶도 그리 실망스럽게 시작되진 않을 테니까. 패배할 때마다 한 발짝 앞서갈 수 있는 그런 삶을 살도록 하자.

이 시점에서는 윌 로저스의 유쾌한 격려가 필요했다. 왜냐면 다음 답장은 미네소타주 로체스터의 찰스 메이요 박사에게서 온 것이기 때문이다. 미국에서 가장 유명한 외과 의사인 그는 매우 짧은 편지를 보냈다.

✉ 찰스 메이요의 답장

나는 당신이 지금 세상에서 인간의 삶이 어떠한지를 설득력 있게 정리했다고 봅니다. 그런데 지금은 내가 너무 바쁩니다. 일거리가 계속 늘기만 하고 절대 줄진 않는 듯해서 제대로 편지를 쓸 시간이 없군요. 하지만 당신이 이 주제로 글을 쓰면 기꺼이 읽을 것입니다. 우리가 어떻게 해야 인간 벌레보다 나은 존재가 될 수 있을지에 관한 당신의 조언을 기대하고 있겠습니다.

찰스 메이요(Charles Horace Mayo, 1865-1939)
미국의 외과의사. 의사였던 아버지 윌리엄 W. 메이요, 형 윌리엄 J. 메이요와 함께 오늘날 세계 최고의 의료 기관으로 평가받는 메이요클리닉을 설립했다.

피아노의 귀족 오시프 가브릴로비치의 유려한 답장은 상당히 심오한 비관주의를 드러낸다. 그의 음악은 항상 나를 초라한 자아에서 끄집어내 오직 음악만이 드러낼 수 있는 신비한 본질의 바다로 들어가게 해준다.

✉ 오시프 가브릴로비치의 답장

해외여행을 마치고 돌아오니 놀랍고 기쁘게도 당신의 편지가 도착해 있었습니다. 내가 당신의 바람처럼 희망차고 건설적인 확신이 가득한 답장을 보낼 수 있다면 얼마나 좋을까요. 하지만 솔직히 말해서 그러지 못하겠습니다. 수 세기에 걸쳐 이어진 인류의 진보를 숙고하고 현재의 상태를 이해하려 하면 할수록, 이곳 아니면 다른 어딘가에서 더 나은 결실로 이어질 어떤 계획을 파악하기가 불가능하다고 느낄 뿐입니다. 자연의 본질은 잔혹, 불의, 무법 상태인 듯하며 수천 년 전의 인간이 그랬듯 오늘날 인간의 본성과 행동도 (어쩌면 형태는 달라졌을 수 있겠지만) 변한 것이 없어 보입니다. 지금의 세계를 잠식한 유례없는 정치적, 사회적, 경제적 혼돈을 일별一瞥하기만 해도 그런 깨달음을 얻게 됩니다. 하지만 이는 경험을 통해 배울 능력도 의지도 없는 구제 불능의 인류에겐 피할 수 없는 결과겠지요. 관대함과 도덕적 용기의 결여는 오늘날 인류의 특성인 만큼 수백 년 전에도 마찬가지였습니다.

하지만 사랑과 아름다움은 분명히 존재하며 인간에게도 나름의 이상이 있습니다. 그 이상이라는 것이 매일, 아니 매 시간 물질적인 것에 대한 어리석은 추구로 희생되고 있긴 하지만 말입니다. 당신의 편지는 내가 어디에서 위안과 행복을 구하는지, 그리고 나에게 가장 소중한 궁극적 가치는 무엇인지 물었지요. 나라는 개인이 행복을 구하는 곳은 두 가지, 예술과 내 가족입니다. 하지만 미래 세대도 계속 이런 보물을 지닐 수 있을까요? 바로 그 점이 문제입니다! 예술의 아름다움은(내가 아름다움을 이해하는 바에 따르면) 우리 눈앞에서 체계적으로 파괴되는 중이며 그 자리를 싸구려 선정주의가 차지하고 있습니다. 새로운 예술의 선지자라 할 사람들은 우리를 향해 아름다움은 더 이상 예술의 제1 목표가 아니라고 설파합니다. 가족의 미래에 대해서라면 당신의 편지에 표현되어 있는 진지한 우려에 전적으로 공감하는 바입니다. 이제 동방에도 산업혁명의 새벽이 밝았고, 그것이 전 세계를 휩쓴다면 가정 역시 파괴될 것입니다. 이전에는 파괴될 수 없을 거라 여겨졌지만 결국 소멸해 버린 그토록 많은 것들처럼 말이지요.

친애하는 듀런트 씨, 이 편지가 당신의 질문에 대한 만족스러운 답은 못 되겠지요. (……) 사람들은 개인이 운명과 직접적인 불화를 겪지 않고서도 비관주의 철학을 가질 수 있다는 것을 좀처럼 이해하지 못합니

오시프 가브릴로비치(Ossip Salomonovich Gabrilowitsch, 1878-1936)
러시아의 유대계 가정에서 태어나 알렉산드르 글라주노프, 안톤 루빈시테인 등과 함께 상트페테르부르크음악원에서 피아노와 작곡을 공부했다. 미국으로 건너가 피아니스트로 활약하며 성악가였던 마크 트웨인의 딸 클라라 클레멘스와 결혼했고 지휘자, 작곡가로도 활발히 활동했다.

다. 심지어 쇼펜하우어 같은 위대한 사상가도 그 때문에 비난받는 것을 피하지 못했는데 내가 어찌 그럴 수 있겠습니까? 하지만 나 개인에게는 전혀 불평할 일이 없습니다. 운명의 손은 나를 매우 친절히 다루어 주었지요.

내가 항상 믿어 온(그리고 지금도 믿고 있는) 바에 따르면, 개인의 철학은 자신만의 경험이 아니라 폭넓고 편견 없는 관찰에 근거하여 성립되어야 합니다. 우리 모두는 볼 수 있는 눈과 들을 수 있는 귀가 있습니다. 우리 모두에게는 자기 자신이 아닌 수백 명의 삶을 지켜볼 기회가 주어집니다. 자신만의 우연하고 개인적인 행운이나 불운에 근거하여 세상을 판단할 만큼 소견이 좁아서 되겠습니까? 내가 하루에 세 끼를 다 먹는다고 해서 세상 어디에도 굶주림이 없다는 결론을 내릴 수 있을까요? 우리 중 일부가 건강하다고 해서 날마다 수천 명의 사람이 육체적 고통을 견뎌 내야 한다는 사실에 눈을 감아서야 되겠습니까?

오직 음악가만이 가질 수 있는 섬세한 영혼의 생생하고 정직한 숨결이 느껴진다. 이와 다른 종류의 –북극의 바람처럼 화통하고 투박한– 정직함을 북극 탐험가 빌햘무르 스테판손의 답장에서 느낄 수 있다. 그는 북극과 남극을 오가며 인생을 배운 사람이다.

✉ **빌할무르 스테판손의 답장**

당신은 내게 다음과 같은 일련의 개인적 의견을 요청했지요.

종교가 어떤 도움을 주는지(만약에 준다면): 하버드 신학대학원에서 종교와 철학을 공부하던 시절부터 나는 줄곧 이에 관해 생각해 왔습니다. 하지만 생각보다는 관찰한 바가 더 중요하겠지요. 내가 발견한 건 종교적인 사람은 자신이 종교를 갖지 않았다면 지금보다 덜 행복했을 거라고 생각하며 비종교적인 사람은 자신이 종교를 가졌다면 지금보다 덜 행복했을 거라고 생각한다는 사실입니다. 나로서는 어느 쪽이 옳은지 확신할 수 없었지만요. 개인적으로는 한 번도 종교나 알코올이 슬픔을 잊게 할 거라 기대한 적이 없습니다.

무엇이 나를 계속 살아가게 하는지: 아마도 음식, 더 정확히는 연료겠지요. 우리는 모두 본질적으로 연료의 질과 양에 의존하여 어느 한 부분이 고장 날 때까지 돌아가는 열기관이니까요.

영감은 어디에서 비롯되는지: 이번에도 음식이라고

빌햘무르 스테판손(Vilhjalmur Stefansson, 1879-1962)
캐나다의 탐험가, 인류학자. 1913년부터 6년간 캐나다 북극 탐험대를 이끌었다.

해야겠습니다. 그리고 신체가 음식을 다루는 방식도 요. 예를 들어 나는 2년 전 한 해 동안 뉴욕 근처에서 지내며 오직 고기와 물만 먹었던 적이 있습니다. 그 기간에 내가 평소 잡식을 할 때보다 한층 낙관적이며 더욱 열의를 가지고 다음 날과 다음 해를 기대한다는 것을 확인할 수 있었습니다. 날씨와 깊은 수면도 또 다른 영감의 원천이지요. 하지만 당신은 철학자이니 아마도 뭔가 정신적인 영감에 관해 듣고 싶겠지요. 그런 것도 있긴 합니다. 내 경우 주된 것은 이 세상에 보람찬 일이 있다면 바로 지식의 확장과 보급일 것이라는 생각입니다. 그래서 여유가 있을 때마다 그렇게 하려고 노력하고 있지요.

대학교 혹은 일요판 신문에서 얻은 지식이 내게 도움이 된 만큼 해악을 끼쳤을 수도 있지만, 나로서는 잘 모르겠습니다. 마찬가지로 지금까지 아무도 삶의 의미를 발견하진 못했지만, 그렇다고 해서 삶에 의미가 없다는 걸 증명해 보인 사람도 없지요. 아마도 무의미한 것은 삶에 의미가 있는지 없는지 하는 질문 자체가 아닐까요.

일부 답장은 안일하게도 자신의 저서를 참조하라는 내용이었다. 임종을 앞두고 있던 아르투어 슈니츨러는 응답 삼아 그의 저서 『말과 생각의 책』Buch der sprüche und Bedenken 한 권을 보내왔다. 허버트 조지 웰스는 피곤하다는 듯한 투로 자신의 모든 책이 바로 그 문제의 해답을 찾기 위한 시도였다고 써 보냈다. 유진 오닐은 자신의 3부작 희곡 『상복이 어울리는 엘렉트라』에서 그 문제를 직면하려 했다고 적었다. 해블록 엘리스의 답장은 다음과 같다.

✉ **해블록 엘리스의 답장**

물론 당신이 제기한 질문들은 인간이 던질 수 있는 가장 중요한 질문입니다. 제대로 살아가는 인간이라면 누구나 그 질문의 답을 찾고 자신의 작품을 통해 ―어떤 형태의 작품이든 간에― 표현하면서 인생을 보냅니다.

내 나름의 답을 가장 명료하고도 느긋하게 풀어낸 저작이 무엇인지 묻는다면 주저 없이 『삶의 춤』The Dance of Life을 꼽겠습니다. 내 인생의 최고 성숙기에

해블록 엘리스(Henry Havelock Ellis, 1859-1939)
영국의 작가, 심리학자. 런던에서 태어났으나 선장이었던 아버지를 따라 청소년기에 오스트레일리아로 건너가 교사가 되었다. 30대에 다시 영국으로 돌아와 의사 자격증을 취득했으나 임상의가 되지 않고 작가로 활동하며 문학, 철학, 심리학, 범죄학 등 다양한 분야에서 많은 저서를 남겼다.

충분히 시간을 들여서 썼지요. 같은 문제를 다루었지만 좀 더 내밀하고 단편적인 『인상과 논평』Impressions and Comments 전 3권도 추가할 수 있겠습니다. 현재는 『삶의 원천』Fountain of Life이라는 제목의 한 권짜리 합본으로 출간되어 있습니다.

미국 자연사박물관의 헨리 페어필드 오즈번은 삶이 너무 번잡하여 그 의미를 논할 여유가 없다고 답하며 다음 문장을 덧붙였다. “현재 내가 수행 중인 연구의 맥락에 따르면 ‘창조적’이라는 말의 원래 의미인 ‘진화’를 복원하여 이미 ‘창조된’ 구세계에서의 의미와 구분해야 한다고 확신합니다.” 그는 이 연구를 자기 삶의 핵심적 의미이자 정신적 기반으로 꼽았다.

미 해군의 버드 제독은 내 질문에 답하려고 영웅적으로 고투했지만 결국엔 남극점보다 더 어려운 문제라고 판단하여 포기한 모양이다. 첫 번째 답장에는 이렇게 적혀 있었다. “당신의 편지는 흥미롭습니다. (……) 많은 사상가에게 있어 진리가 비관주의와 절망으로 귀결된다는 것은 확실합니다. 당신이 제기한 문제를 나 역시 오래 고민했습니다. (……) 이 세상에 어떤 건설적 사상이 나타나지 않는다면 절망은 인류를 심하게 훼손할 것입니다.” 하지만 수백 년간 이어져 온 지리적 수수께끼를 손쉽게 해치웠던 이 남자*는 얼마 후 또다시 행동의 매력에 이끌렸는지 두 번째 편지를 보내 이 문제를 생각할 시간이 없다고 전해 왔다.

* 미국 해군 제독 리처드 에벌린 버드는 비행기를 이용한 최초의 북극 탐험가이며 남극점 왕복 비행에도 성공한 바 있다.

그야말로 생각보다 행동이 건전하다는 것을 보여 주는 실제 사례라 하겠다. 걸으면 해결된다.* 결국 철학적 질문에 대답할 수 있는 것은 실제 행동뿐인 것이다. 괴테가 그랬던가, 행동으로 이어지지 않는 생각은 모두 질병이라고.

또 다른 행동파 인간을 만나 보자. 영화 스튜디오의 혼란과 분주함 속에서 일하는 칼 래믈리는 실제 행동을 통해 자신의 영화를 구현해야 한다. 이런 사람이 우리의 문제를 어떻게 생각하는지 알아보는 것도 흥미로울 것이다. 이 문제에 있어 칼 래믈리는 겸손한 사람 특유의 담백함과 솔직함을 보여 준다.

✉ 칼 래믈리의 답장

당신의 편지를 흥미롭게 읽었습니다. (……) 기꺼이 당신의 질문에 답하겠습니다만, 유감스럽게도 실망을 드리게 될 것 같군요. 나의 대답은 진실이긴 해도 지극히 진부한 내용일 테니까요. 적어도 당신 같은 사람에게는 그렇게 보일 것 같아서 걱정입니다.

과학과 철학이 인류를 당신의 편지에 묘사된 것 같은

---

* Sovitur ambulando. 성 아우구스티누스의 말.

끔찍한 길로 이끌었다면 지나친 생각은 그리 쓸모가 없다는 게 증명된 셈이군요, 그렇죠? 내 경험에 따르면 어딘가 나사가 빠진 듯 보이는 사람들은 대부분 그저 과도한 자기 성찰의 희생양 같더군요.

당신은 "무엇이 나를 계속 살아가게 하는지" 물었습니다. 나의 대답은 모든 헛똑똑이들도 비웃을 만한 것입니다. 바로 일이지요. 나는 내 아이디어가 형태를 갖추어 구체적 결과로 귀결되는 것을 보면서 어마어마한 활력을 얻습니다. 많은 아이디어가 결국엔 실현되지 못한다는 사실도 그것이 실현될 경우의 기쁨을 앗아가진 못합니다. 나는 권력을 쥐고 있다는 느낌을 좋아하고(내가 가능한 한 솔직하게 이야기하고 있다는 걸 아시겠지요), 내 일로 경제적 수익을 벌어들이는 것을 좋아합니다. 하지만 나를 계속 살아가게 하는 것은 오롯이 일 자체, 그리고 성취감입니다. 어떤 이들은 도박에 빠지기도 하지만 내 경우엔 불가능한 일입니다. 시력이 나쁜 데다가 귀도 그리 좋지 않거든요. 그래서 도박을 한다 해도 마음 통하는 친구들과의 소소한 포커 게임이나 소액을 거는 경마 정도만 합니다.

종교로 말하자면 그것이 내게 얼마나 도움이 되었는지 잘 모르겠군요. 아마도 나를 무의식적으로 뒷받침해 주었을 가능성이 크겠지요. 내 이상이 형성되는 과정에도 분명 어느 정도 관여를 했을 것입니다. 나의 활력과도 상당한 연관이 있을 거고요. 예전에 한번 내가 죽은 거나 다름없던 상황에서 영문 모르게 회생한 경우를 제외하면 종교적 세계가 존재한다는 구체적 증거는 없지만요.

내 아이들, 손주 하나, 그밖에도 다른 친지와 친구들이 나의 위안이자 행복입니다. 당신은 "내게 가장 소중한 궁극적 가치가 무엇인지"를 물었지요. 내 생각에 그건 아마도 내 아이들과 손주가 편안하고 행복하게 살아가는 것을 보고 싶다는, 거의 광적인 열망일 겁니다.

당신이 "'진리'의 발견이야말로 인류 역사 최대의 실수였다는 결론을 내리기 직전에 와 있습니다"라고 적은 것은 농담인지 뭔지 모르겠군요. 대체 그런 발견이 언제 있었습니까? 난 일간지에서 그런 표제를 읽은 기억이 없는데요. 내가 보기에 우리 모두는 여전히 자기 나름대로 진리를 발견하길 희망하고 있습

칼 래믈리(Carl Laemmle, 1867-1939)
미국의 영화 제작자. 유니버설스튜디오를
창립했다.

니다. 그리고 그런 희망은 의식하든 그렇지 않든 간에 우리 삶 상당 부분을 차지하지요. 다양한 사람들이 각자 발견했다고 생각하는 진리는 아마 모든 인간에게 해당하는 진리가 아닐 것이며, 바로 그래서 인류가 아직 자유로워지지 못한 겁니다. 신께 감사하게도 나는 아직 내 나름의 착각 속에서 살아가지요. 자신을 스스로 깊은 구렁 속에 빠뜨린 과학자와 철학자 들을 안쓰럽게 여기면서 말입니다.

가장 다행스럽게 느끼는 점이 있다면, 평생 열심히 일하면서 거듭되는 오싹한 위기와 번갈아 닥쳐오는 실망과 승리를 겪고 난 지금도 내가 여전히 낙관주의자라는 사실입니다. 지금까지 써 놓은 것들을 제외하면 대체 내 삶의 목표가 무엇인지 모르겠습니다. 하지만 내가 낙관주의자가 아니었다면 아예 목표랄게 없었으리라는 건 알고 있지요.

나는 세상에서 가장 위대한 현자가 되어 지나친 추상적 사고에 따라오는 것처럼 보이는 온갖 우울과 절망을 받아들이느니, 지금처럼 열심히 일하는 사업가로 행복하게 살아가는 쪽을 택하겠습니다.

인생의 문제는 보통 이렇게 해결되기 마련이다. 궁극적 의미에 골몰하기에 우리의 삶은 너무나 분주하다. 일을 해치워야 한다는 의무감이 머릿속 생각에 종지부를 찍는다. 먹여 살릴 가족이 있는 사람에게는 인식 철학을 논할 시간이 없다. 설사 그럴 시간이 있다 해도 그는 삶의 의미란 자기 가족을 먹여 살리는 것이라고 대답할 터이며, 사실 그보다 더 나은 답을 찾기도 어려우리라.

이번에는 전 다트머스대학교 총장의 눈을 통해 이 문제를 살펴보자. 그의 전공 분야를 아는 사람들 사이에서 최고의 명성을 누리고 있는 사람이다. 이 편지에서도 우리는 삶과 분리된 사상에 대한 건전한 불신을 읽을 수 있다.

✉ 어니스트 홉킨스의 답장

편지는 잘 읽었습니다. 당신이 던진 질문에 대해서도 진지하게 숙고해 보았고요. 졸업식 이후의 정신없는 시기에 과연 쓸모 있는 대답을 할 수 있을지, 내 감정을 표현할 만큼 유려한 문장을 쓸 수 있을지 잘 모르겠지만 당신이 던진 질문에 나름대로 답을 해 보겠습니다.
내게 인생의 가치는 그것이 제공하는 기회에 있는 것처럼 보입니다. 예를 들어 오늘처럼 드물게 좋은 날씨를 누릴 수 있는 사람이라면 아무도 삶의 가치를 의심하진 않으리라고 생각합니다. 널따랗고 새파란 하늘, 느리게 떠가는 솜털 구름, 딱 적당한 기온, 울창하고 푸르른 나무와 관목과 잔디, 정원의 눈부신 색채, 새벽이면 내 귀에 들려오는 온갖 새들의 노랫소리. 이 모두가 가치를 측정하기는 불가능하지만 내 생각에는 평범한 사람이라면 누구든 살아 있는 것이 영광스러운 특권이라고 느끼기에 충분한 경험입니다. 바이올린 선율이나 참새의 노랫소리가 왜 그처럼 달콤하게 들리는지는 과학적 분석이나 온갖 장광설로도 설명할 수 없지만 분석하거나 진단하거나 해설할 수 없다고 해서 그런 경험이 덜 진실한 것은 아닙니다. 따라서 나에게 존재란 —그에 수반되는 느끼고 생각하고 행동할 수 있는 능력과 함께— 단순히 견뎌 내야 할 명분이 아니라 삶이 주는 헤아릴 수 없는 혜택입니다.

(……)

현대의 정신적 문명 세계 전체는 진실이 목적을 위한 수단이 아니라 그 자체로 목적이라는 착각에 사로잡혀 있습니다. 삶의 충만함에 접근하려면 진실의 길을 따라가야 하겠지만 그 길 자체가 목적은 아닙니다. 종교의 영속적 가치는 그것이 인간의 정신에 일으키는 열망과 희망입니다. 소위 철학이라는 것의 불모성은 기껏해야 감정의 가치를 고려하지 않은 부정확한 생각의 표현일 뿐인 말들에 지나친 가치를 부여하고 변증법에 기울어지는 성향 때문입니다. 표현될 수 없는 감정이라고 해서 무조건 거짓된 것은 아닙니다. 모든 위대한 종교 지도자들은 사실상 예수가 말했던 내용을 서로 다른 방식으로 선언하고 있습니다. 자신이 생명을 주기 위해, 그것을 더욱 풍요롭게 베풀기 위해 왔다고 말입니다. 철학자들은 그런 확신을 주지 못했지요. 그들은 종종 주지주의에 빠져 모든 감정적 욕구를 부정하고 삶에서 만족스럽게 매진할 수 있는 일체의 목표를 부정합니다.

내가 보기에 철학이 인간을 다스리지 못하는 것은 지금껏 인간의 경험을 무시해 왔기 때문입니다. 그러다 보니 자신의 지적知的 과정이 타당한지 점검하는 일에도 실패했지요. 고대의 철학자와 제왕 들을 다룬 플라톤의 저 유명한 글에 따르면, 생각과 행동이 각각 전문 활동으로 분리될 경우 양쪽 다 제대로 기능할 수 없기 마련입니다. "서로를 몰아내려는 이 인간 본성의 두 구성 요소를 어떻게든 공존하게 만들어야 한다. (……) 그렇게 되어야만 우리의 의식이 삶의 가능성을 누리고 세상의 빛을 볼 수 있으리라."

종교가 죽지 않았다는 것은 확실하다. 압도적 다수의 인류에게 종교는 여전히 선악을 판단하는 기준이다. 현대 저널리즘 최고의 성취라 할 『뉴욕 타임스』의 발행인 아돌프 옥스가 보낸 답장은 이 점에 진지하게 주목하고 있다. 옥스의 편지를 읽으니 『뉴욕 타임스』를 미국에서 가장 존경받고 영향력 있는 언론 매체로 만든 이 인물의 조용하고도 굳건한 성공을 한층 더 잘 이해할 수 있었다.

✉ **아돌프 옥스의 답장**

당신의 편지는 명문입니다. 그 글을 내 신문에 싣도록 허락해 주셨으면 합니다. 당신은 내게 삶이 어떤 의미인지 물었지요. 종교가 나에게 어떤 도움을 주는지(만약에 준다면), 무엇이 나를 계속 살아가게 하는지, 나의 영감과 활력은 어디에서 비롯되는지, 나를 노력하게 만드는 목적 혹은 원동력은 무엇인지, 내가 어디에서 위안과 행복을 구하며 내게 가장 소중한 궁극적 가치는 무엇인지 말입니다.

내 생각을 명확하게 표현하려면 —정말 그럴 수 있을지도 잘 모르겠습니다만— 지금 내게 허락된 것보다 더 많은 시간과 고민이 필요할 것입니다. 나로서는 이렇게만 말할 수 있겠습니다. 나는 건강과 건전한 도덕 원칙을 물려받았으며 내 손에 주어진 일거리와 이를 양심적으로 수행하는 것에서 보람을 느낍니다. 내 부모님과 다른 사람에게 도움이 되는 게 기쁘고 만족스러우며 이렇게 쓸모 있는 삶을 살아가는 데서 행복과 위안을 찾습니다. 유대교 전통에 따른 가정생활과 종교 활동은 내게 정신적 고양감을 주며 잠재

의식 속에 존재하는 더 나은 자신에 대해 책임감을 느끼게 합니다. 아마도 내 안의 신, 불가지하며 불가해한 그 존재로 인해 나는 나 자신이 단순한 동물 이상이라고, 현세의 삶이 우리 정신의 끝일 리는 없다고 믿게 됩니다.

인간이 온전하고 의미 있는 삶을 살려면 행동과 사상을 결합시켜야 한다는 점이 점점 더 뚜렷이 드러나고 있다. 확실히 『뉴욕 타임스』와 같은 기념비적 위업이라면 한 사람의 인생에 충분한 의미가 될 것이다!

이제 바다를 건너 인도로 가 보자. 이 나라의 해방 운동을 선도한 젊은 반항아인 간디에 버금가는 이인자로서, 간디가 타계한 뒤 인도의 주역이 된 자와할랄 네루의 답장이다.

✉ 자와할랄 네루의 답장

당신의 편지는 흥미로운 질문들을 제시했습니다. 흥미로우면서 동시에 조금 끔찍하기도 했지요. 당신의 논지에 따르면 모든 삶은 무의미하며 인간의 모든 시도는 헛됨 그 이하라는 결론이 나올 수밖에 없기 때문입니다. 이런 질문을 해 준 것은 무척이나 고맙지만 나는 이 질문에 답할 자격이 조금도 없습니다. 시간과 정신적 여유가 있다 해도 —유감스럽게도 지금 당장은 없지만— 나로서는 당신이 던진 질문을 다루기 어려울 것입니다.

인도인들은 형이상학에서 기쁨을 찾는다고 알려져 있지만 나는 일부러 그로부터 거리를 유지해 왔습니다. 그런 것이 내겐 혼란스러울 뿐이고 위로는커녕 앞으로의 행동에 대한 조언도 주지 못한다는 것을 이미 오래전에 깨달았으니까요. 한정된 의미에서의 종교 역시 나의 흥미를 끌지 못합니다. 나는 호사가답게 다양한 분야의 과학을 조금씩 건드려 보았고 어느 정도 즐거움을 느꼈습니다. 시야가 넓어지는 것도 인식했고요. 하지만 나는 여전히 방황했고 회의를 느꼈으며 다소 냉소적으로 세상을 보았습니다. 사회주의와 민족주의라는 두 개의 희미한 이상이 날 사로잡더니 서서히 하나로 결합했고, 마침내 나는 열렬히 인도의 해방을 바라게 되었습니다. 내게 인도의

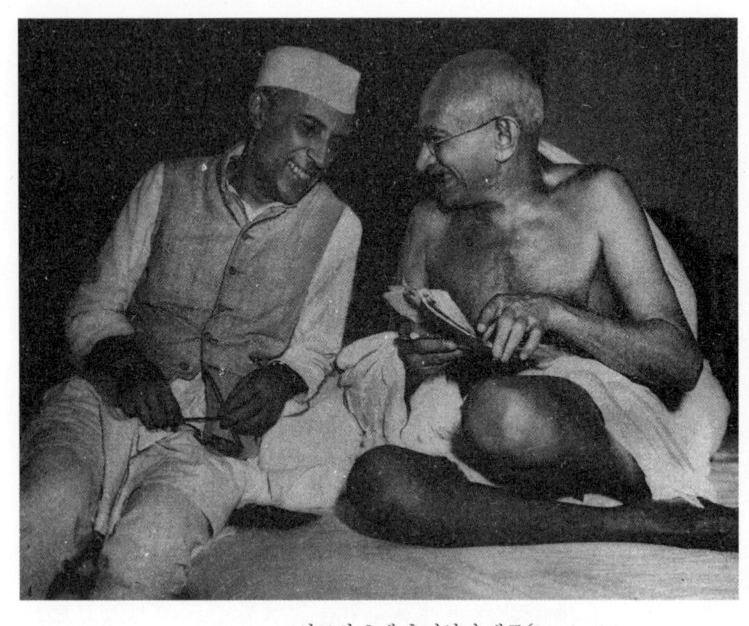

인도의 초대 총리였던 네루(Jawaharlal Nehru, 1889-1964)와 인도 역사상 가장 큰 영향력을 발휘한 민족 지도자 간디(Mohandas Karamchand Gandhi, 1869-1948).

해방이라 함은 단순히 국가 차원의 해방이 아니라 그 안에서 고통을 받고 착취당하는 수백만 남녀의 구원을 의미했지요. 인도는 전 세계의 고통받는 사람들을 상징하게 되었으며, 나는 내 안의 열렬한 민족주의를 성장시켜 착취당하는 모든 국가와 민족을 포용할 국제주의로 만들기 위해 애써 왔습니다.

나는 이런 감정들로 괴로웠고 무력함을 느꼈습니다. 내 마음속의 바람을 실현할 방법은 딱히 없는 것처럼 보였지요. 그때 간디 씨가 나타나서 가능성 있어 보이는 길을 알려 주었습니다. 적어도 시도해 볼 가치가 있고 나의 억압된 감정을 풀어낼 수 있을 것 같은 출구였지요. 나는 그리로 뛰어들었고 마침내 내가 오랫동안 원한 것을 찾았습니다. 내가 출구를 찾아낸 건 행동을 통해서였습니다. 내게 소중하고 위대한 대의를 위한 행동 말이지요. 이후로 나는 대의를 위해 싸우는 데 전력을 쏟았으며, 그에 따른 보상은 나를 한층 더 강하게 만들었습니다. 그 보상이란 바로 새로운 의미와 목적이 생긴 더욱 충만한 삶이었으니까요.

이건 당신의 질문에 대한 답이라고 할 수 없겠지요.

하지만 철학자가 아니라 행동할 때 가장 편안한 인간으로서 나는 당신에게 딱히 논리적이거나 이론적인 대답을 드릴 수가 없습니다. 나는 과학과 논리와 이성을 믿어 왔고 지금도 여전히 믿습니다만, 때로 그것만으로는 뭔가 부족하다고 느낍니다. 인생은 그보다 더욱 강렬한 어떤 힘에 ─본능이나 혹은 뭔가를 향한 저항 불가능한 갈망에─ 좌우되는 것처럼 보이지요. 지금 당장으로서는 우리가 아는 과학이나 논리에 전혀 들어맞지 않는 힘 말입니다. 실패의 기록으로서의 역사, 과거의 모든 위인과 대의에도 불구하고 끈질기게 남아 있는 악, 무너져 가는 문명과 기존의 이상, 미래에 도사리고 있는 위험, 이 모든 것이 나를 절망하게 만들 때도 있습니다. 하지만 그럼에도 불구하고 나는 인류와 내 조국의 미래가 희망으로 가득하며 우리 인도인들이 전념하고 있는 해방 투쟁은 우리를 그 희망의 실현에 다가가게 만든다고 느낍니다.

나에게 그런 느낌을 증명해 보라고 요구하지는 마십시오. 나도 마땅한 근거를 제시할 수는 없으니까요. 다만 내가 원대한 대의를 위해 내 몫을 다하고 있으며, 이런 나의 노력이 헛된 것일 수는 없다는 생각에서 정신적 안정과 원동력과 영감을 찾았다고 말할 수 있을 뿐입니다. 물론 나도 목적을 위해 싸웁니다. 하루빨리 나의 목표를 이루고 싶지요. 하지만 궁극적으로는 내 행동의 결과조차도 나를 그리 걱정시키진 않습니다. 나 스스로 그것이 옳은 행동이라고 확신하는 한 행동하는 것 자체만으로도 만족스러우니까요.

나는 전반적으로 사회주의적 인생관을 갖고 있으며 인도와 전 세계에서 사회주의 체제가 수립되는 것을 보길 원합니다. 완벽한 세상이 도래하면 어떤 일이 일어날지 나로서는 알 수 없고 그리 관심도 없습니다. 그것은 지금 현재의 문제가 아니니까요. 지금 당장도 해야 할 일이 충분히 많으니 내게는 그걸로 충분합니다. 이 세상이 언젠가는 완벽해질지, 적어도 지금보다 훨씬 나아질지는 내가 감히 대답할 수 없는 문제입니다. 하지만 지금보다는 나은 세상을 만들 수 있다고 희망하고 또한 믿기에 나는 계속 싸울 것입니다.

유감스럽게도 내가 당신의 핵심 질문을 회피한 것 같군요. 인생의 의미 혹은 가치는 무엇인가 하는 질문 말입니다. 나는 대답할 수 없습니다. 단지 내가 인생을 어떻게 생각해 왔으며 어떤 동력이 날 행동하게 만들었는지 이야기하는 것 외에는 말이지요.

고귀한 영혼의 목소리가 들려오는 듯하다. 현재 전 세계 어느 지역보다도 인류의 윤리적 이상주의가 눈부시게 타오르고 있는 곳이 인도일 것이다. 우리 자신보다 크고 위대한 목적을 성취하려는 노력은 삶을 의미 있게 만드는 비결 중 하나다. 그것이야말로 한 사람의 의미와 가치가 개인이라는 한계를 초월하여 죽음 이후로도 살아남게 되는 근거니까.

또 한 명의 인도인이 보내온 똑같이 순수한 열망을 들어 보자. 1930년 노벨 물리학상 수상자의 답장이다.

✉ 찬드라세카라 라만의 답장

나는 결코 인생의 가치가 한순간의 기쁨이나 내일의 사소한 희망에 있다고 믿은 적이 없습니다. 우리가 살아가는 이 세상의 거대한 신비를 온전히 파악하기에 인간의 정신은 너무 연약한 도구입니다. 하지만 나는 항상 지금보다 세상을 좀 더 잘 이해하려고 시도하기 위해서라도 인생은 살 만한 가치가 있다고 생각해 왔습니다.

실제로 내 삶과 활동의 주축은 언제나 지적 · 과학적 자극이었습니다. 종교의식과 신조는 나에게 중요하지 않습니다. 하지만 내가 보기에도 부처와 그리스도의 가르침은 지나치게 문자 그대로만 받아들이지 않는다면 시간이 지나도 사라지지 않을 가치를 지니고 있습니다. 내가 살아가게 하는 원동력은 일하고 성취하며 다른 이들도 그리하도록 돕고 싶은 욕구입니다. 내 생각에는 자기도취가 아닌 자기절제야말로 진정한 행복의 원천입니다. 결국 자신을 이기는 것이 전 세계를 정복하는 것보다도 더 위대한 업적이니까요.

(9)

종교인들의 대답

이번 편지는 아마 세상 그 누구보다도 종교의 힘을 체현하고, 동시에 개인의 사상부터 대중 운동에까지 두루 영향을 끼친 이의 것이다. 모한다스 간디는 런던에서 열린 원탁회의에 참석하러 떠나기 직전 내 질문에 답하여 다음의 편지를 보내왔다. 간디 개인에 관한 내용이 전혀 없다는 점에서 실망스러운 편지이긴 하다.

✉ 모한다스 간디의 답장

편지 잘 받았습니다. 당신의 질문에 답해 보지요.

1 — 내게 삶이란 실재하는 것입니다. 그것이 신성의 번뜩임이라고 믿기 때문입니다.

2 — 전통적 의미에서가 아닌 좀 더 넓은 의미에서의 종교는 내가 신적 본질과 접촉할 수 있게 해 줍니다. 하지만 이 접촉은 도덕관념이 온전하게 발달한 상태에서만 가능합니다. 따라서 종교와 도덕은 내게 유의어라고 할 수 있습니다.

3 — 완전한 깨달음을 향한 노력이 나를 계속 살아가게 합니다.

4 — 나는 이러한 노력을 통해 영감과 활력을 얻습니다.

5 — 목적에 관해서는 이미 말씀드렸지요.

6 — 나의 위안과 행복은 살아 있는 모든 것에 대한 봉사에 있습니다. 신적 본질은 모든 생명의 총계이기 때문입니다.

7 — 내게 가장 소중한 가치는 어둠과 모든 악한 세력에 맞서 투쟁하는 일에 있습니다.

가능한 한 시간을 들여 긴 편지를 써 달라고 요청하

셨지요. 유감스럽게도 여유가 없어서 길게 답장을 쓰지 못합니다.

썩 만족스러운 답장은 아니지만, 인도 아대륙 하나를 머리에 짊어지고 3억2천만 인구의 해방을 위해 노력하는 인물에게서 이 정도의 답변을 얻을 수 있었다는 데 감사해야 할 것이다. 간디가 이 편지에서 논하는 종교는 그 자신이 동트기 전 사바르마티강에서 불렀던 찬송가 속 의인화된 신에 대한 믿음과는 상당히 달라 보인다. 게다가 기독교 신자들만큼 힌두교 신자들의 마음도 사로잡고 있는 내세의 삶에 관해서는 전혀 언급되지 않았다. 간디를 자기네의 지도자이자 성자로 떠받들고 있는 정통 브라만교도들과 열성적인 자이나교도들이 정작 그의 신학이 얼마나 현대적이고 온건한지 알게 된다면 다소 당황스러워할 듯하다.

미 대륙 최초로 간디와 교류한 인물의 답장에서도 마찬가지로 온건한 신앙에의 요구가 두드러진다. 숭고한 조직인 뉴욕 유니테리언 교회의 성직자였던 존 헤인스 홈스의 편지는 다음과 같다.

✉ **존 헤인즈 홈스의 답장**

무엇이 나를 계속 살아가게 하느냐고요? 거짓, 위선, 불의, 사악한 행위를 보았을 때 격렬한 불꽃처럼 타오르는 내 안의 무언가가 나를 계속 살게 합니다. 이 세상이 어떠해야 할지, 우리가 충분히 노력한다면 어떤 곳이 될 수 있을지 문득 느꼈을 때 사랑처럼 강하게 나를 끌어당기는 나 자신을 초월한 어떤 힘 말입니다.

내가 죽기 전에 뭔가를 이룩할 수 있을 거라고 기대하던 시절이 있었습니다. 내가 한 말이나 행동으로 이 세상이 바뀌는 걸 보게 될 거라고요. 이제 내게 그런 개인적 기대는 마치 수백만 년 뒤에도 이 행성이 존재할 거라는 우주적 기대만큼이나 부질없는 것입니다. 그렇습니다. 나는 내가 처음 눈을 떴던 세상과 똑같은 세상에서 언젠가 눈을 감게 되겠지요. 이 세상이 적절한 시기에 시작되었던 것과 똑같은 상태로 끝나게 될 것처럼 말입니다. 하지만 그동안 우주의 창조적 생명력은 마치 강물처럼 눈에 보이지 않고 꿈조차 꿀 수 없었던 머나먼 곳까지 흘러갔습니다. 마찬가지로, 그저 찌꺼기가 아니라 거대한 물줄기를 이루는 하나의 물방울인 나의 삶 또한 본래의 충동을 굽혀 마침내 신비로운 운명의 해안까지 도달했지요. 내게 살아갈 힘을 주는 것은 아마도 나의 창조적 가능성, 우주의 핵심에 존재하는 창조적 가능성에 미시적으로나마 조응하는 것에 대한 인식일 듯합니다. 그리고 물론 일에서 얻는 좋은 기운도요. 내가 살아 있음을 절실히 느끼고 가장 큰 행복을 느꼈던 순간을 떠올리려고 해 봅니다. 당연한 얘기지만, 사랑을 느꼈던 순간이지요. 그리고 거대한 위험에 모든 것을

존 헤인즈 홈스(John Haynes Holmes, 1879-1964)
미국의 종교인, 작가.

걸었던 위태로운 시기도 있습니다. 교향악이나 오페라 공연장에서 '감미로운 소리의 집합'이 나의 영혼을 사로잡아 작곡가가 최초의 악보에 불어넣은 감정을 되살릴 수 있게 했던 찰나도 있지요. 갑자기 어떤 영적 비전이 떠오르더니 경이에 찬 내 입술 위에서 언어의 옷을 입고 나타났던 순간도 있습니다. 정의롭고 옳은 대의에 투신하여 승리하든 패배하든 싸워 나갔던 시간도 있고요. 하지만 그중에서 가장 중요한 것은 아마 내가 기도하거나 적어도 기도하려 애쓰던 중에 희미하게나마 내면에서 어떤 대답을 들었을 때일 겁니다. 이 모두가 창조의 경험이지요. 혼란에서 질서를, 질서에서 아름다움을 이끌어 내어 나의 한계 내에서 '모든 것을 새롭게' 만드는 행위 말입니다. 그런 순간에 나는 소위 날것 그대로의 생명력을 느끼며 그러므로 신을 보았다고 믿게 됩니다.

나를 계속 살게 하는 건 바로 그것입니다. 우리가 자신을 초월하여 고양되는 그 순간 속에서 허락받는 인식, 우리가 창조의 과정에 꼭 필요한 일부분이고 우리 자신도 신과 함께 창조의 주체로서 어떤 위대한 우주적 미래를 만들고 있다는 인식 말입니다. 내가 미래를 볼 수도 없고 상상할 수조차 없다면 어떻게 될까요! 솔직히 고백하자면, 그런 무지는 실제로 '보다 더 큰 존재들'에 이르는 인식-경험 앞에서 빛을 만난 어둠과 같이 스러지게 마련입니다.

하지만 여전히 청년 시절의 신앙에 묘한 미련을 느끼는 -종교의 진실성을 의심하는 동시에 그 아름다움을 사랑하며 과연 아름다움이 진리보다 덜 진실한 것인지 의문을 품는- 내가 보기에, 종교적 태도에 관한 가장 설득력 있는 편지는 『생각의 기술』의 저자인 온화한 딤닛 신부가 보낸 것이었다. 그의 답장은 길지만 아마 나만큼 독자에게도 흥미로운 내용일 것이다.

✉ **에르네스트 딤닛의 답장**

당신의 편지를 읽으니 Ch. M. 게랑의 시가 떠오릅니다. 아마 당신도 아시겠지만 이 두 구절로 시작하지요.

내가 신을 믿게 했던 신앙은 이제 죽어 버렸지만
나는 죽는 날까지 신앙이 준 환희를 애도하리라.

이 프랑스 시인은 당신처럼 자신의 내면을 분석하지 않습니다. 오히려 그의 의식 심층에 언젠가 자신을 다시금 예전 신앙의 수원지로 이끌어 갈 물길이 있다는 것을 인식하는 듯하지요. 당신도 이젠 종교를 버렸지만 여전히 신앙이 주는 위안을 갈구하고 있습니다. 그리고 게랑이 각운을 맞춘 시어로 빚어낸 비탄을 당신은 편지의 끝까지 꼬리를 물며 이어지는 일련의 숨 가쁜 질문들에 담아낸 것이지요.

과학은 당신에게 매정한 계모였습니다. 당신은 천문학, 지질학, 생물학 각각의 이야기를 들었지만 거기서 신앙도 희망도 사랑도 발견하지 못했지요. 당신은 과학적 데이터에 따라 자신의 철학을 수립했고, 그 철학은 레미 드 구르몽*의 말을 빌리자면 스스로 이렇게 논평할 것입니다. "진리를 구하는 행위의 끔찍한 점은 인간이 그것을 찾아냈다는 사실이다." 몇 년간 그런 데이터 속에서 쓰디쓴 만족감 혹은 순수한 지적 기쁨을 누린 후 당신은 충분히 짐작 가능한

* 19세기 프랑스의 시인.

반응을 보이게 되었습니다. 이 모든 실망스러운 사실을 안다는 게 무슨 소용인가? 우주가 잔혹한 힘들의 전쟁터일 뿐임을 알게 되는 것보다는 차라리 아무것도 배우지 못하는 게 낫지. 앎에 환멸하고 고문당하기보다는 그 모든 걸 모른 채로 짧은 한평생 살다 가는 편이 백배 천배 낫다고. 우리 선조들은 우리보다 행복했습니다. 인간은 아는 게 적을수록 행복한 법이지요. 원시인은 그의 상상력이나 주변 환경과의 조화로운 감각을 넘어서는 의문 따윈 애초에 품지 않았습니다. 자신을 분석하며 고통스러워하지도 않았고요. 그저 살아가면서 매분 매초 경험하는 것들로 충분했습니다. 지적인 기쁨으로는 —설사 최고의 기쁨이라 해도— 절대 이를 수 없는 최고의 행복 상태지요. 이 점을 인식한 당신은 아마도 자신보다 더 현실적 삶에 가까운 것처럼 보이는 사람들에게 편지를 보내 다음과 같이 묻습니다. "무엇이 당신을 계속 살아가게 하는지, 당신의 영감은 어디에서 비롯되며 당신을 노력하게 만드는 원동력은 무엇인지. 당신에게 가장 소중한 궁극적 가치는 무엇인지."

당신의 진솔한 고백은 다른 이들의 고백을 끌어낼 만

합니다. 그리고 나로서도 응답을 거부할 이유가 없지요. 나는 당신 세대보다 더욱더 과학적이고 사실에 따르는 것을 자랑스러워했던 세대에 속해 있습니다. 내 인생 최고의 시기를 파리의 수도원에서 보낼 수 있었던 것은 확실히 나의 특권이었습니다. 그곳의 분위기는 세상 사람들이 보통 파리라고 하면 떠올리는 것과는 전혀 달랐지요. 오래된 느릅나무 숲 그늘과 석회를 칠한 벽 안에서 우리는 백 년 전과 다를 바 없는 생활을 했습니다. 우리는 문화적으로 파리지앵이었고 적어도 그리되려고 노력했습니다만, 우리의 시도는 시골 사람 특유의 솔직함과 순박함 앞에서 늘 수포로 돌아갔지요. 학부모와 사무적인 대화를 나누다 보면 종종 페리고르 영주 저택이나 그르노블법원 도서관의 탑과 박공지붕이 떠오르곤 했습니다. 옛 프랑스의 도덕률이 그곳의 저변에 깔려 있었고 소위 일상적 필요*가 사방에서 우리를 압박해 왔지요. 돌이켜 보면 정말이지 나로서는 충분히 감사할 수 없을 정도로 축복받은 환경이었지만요.

하지만 우리도 정신적으로는 당신만큼 풍요로웠습니다. 우리는 소르본대학교에서 교육을 받았지요.

---

* 생필품 부족을 가리킨다.

우리를 가르친 선생님들은 텐*의 벗이거나 콩트**의 제자들이었고요.

우리는 모두 과학의 세례를 받았고 철학적 유희를 즐겼습니다. 그러니까 관측소와 실험실의 철학 말이지요. 여러 철학자를 알게 된 후에도 우리는 소위 철학 유파들과 결코 친숙해지지 못했습니다. 물론 철학은 불만족스러웠습니다. 신비로운 존재들 앞에서 철학이 더욱더 깊은 신비감을 느끼는 것 외에 무엇을 할 수 있겠습니까? 창조, 생명의 시작, 의식의 탄생, 상상력과 정신과 사고의 출현은 과학이 그랬듯 철학으로도 여전히 설명이 불가능한 현상들이었습니다. 철학적 추측이 불만족스러웠던 만큼 과학적 사실이라는 것도 부족하기 짝이 없었지요! 게다가 과학적 가설이란 종종 서로 충돌하거나 돌연히 실용주의로 오염되지 않았던가요! 1870년 전쟁*** 이후 텐과 르낭****이 갑자기 보수화되어 이전의 급진주의를 버

---

* 19세기 프랑스의 실증주의 철학자 이폴리트 텐을 말한다.

** 19세기 프랑스의 실증주의 철학자 오귀스트 콩트를 말한다.

*** 프로이센이 프랑스에 승리한 보불 전쟁을 가리킨다. 전쟁 후 부당한 평화조약에 저항했던 파리 코뮌의 시민들은 고국인 프랑스의 군대에 진압당하고 독일군의 시가행진을 지켜보는 굴욕을 겪는다.

리고 절제와 겸손과 온건을 설파하게 된 것을 우리가 어찌 모른 체할 수 있었겠습니까? 미국에서도 같은 현상이 나타나고 있지 않은가요? 주간지에서는 흉겹고 치기 어린 불신앙不信仰이 흥하지만, 위대한 탐구자들은 자신의 양심을 철학적으로 해명하려 애쓴 끝에 완전히 다른 정신 상태에 이르게 마련입니다.

실용주의든 아니든 간에, 소위 과학적 사실을 바라보는 방식은 두 가지입니다. 내 방식은 항상 희망적인 편이지요. 우리 지구에 인간은커녕 딱히 인간이 출현할 거라는 조짐조차 없었던 시절이 있었습니다. 제3기 말*****에 이르자 기적이 일어났지요. 수십억 종의 생명체가 나타나 차례로 번성했습니다. 딱히 한 종이 우세해지지도 않고 특별한 획기적 변화도 없는 상태로 말이지요. 하지만 마침내 인간이 출현했고 그의 의식은 온갖 형태로 발현되었습니다. 과학이 생겨나 발전하고 급기야 나로서는 감탄을 금할 수 없는 방식으로 세상을 정복했지요. 십만 년 전에는 이런 발전의 배아만이 나타났을 뿐이며, 백만 년 전에는 그런 기미조차 존재하지 않았을 것입니다. 이

**** 프랑스의 19세기 사상가 조제프 르낭을 말한다.

***** 지구의 지질 시대에서 6천5백만 년 전부터 2백만 년 전까지를 가리킨다.

런 생각을 하다 보면 세상의 무궁한 가능성을 인식하게 되지요.
최근 들어 천문학이 무서운 미래를 예언한다고 합니다. 하지만 어째서 우리 이후로 100세대가 지난 뒤에도 상황이 지금과 똑같으리라고 가정해야 합니까? 시간이 지나면서 인간의 인지력이 더 넓어지고 방어력도 더욱 발전하리라고 바라선 안 될 이유가 무엇이지요? 지금의 인류가 옛날의 유대 민족과 비교해 볼 때 얼마나 열렬히 불멸을 원하는지 당신도 알아차렸겠지요. 희망을 품을 근거가 전혀 없다면 어째서 그런 생각이 점점 더 빠르게 확산되는 것일까요?
당신은 소위 관찰 지상주의 과학자였던 게 아닌가 싶습니다. 과학 분야의 순수주의자 말이지요. 그래서 불완전한 데이터와 임시적 시스템을 경계하다가 비관주의로 빠진 겁니다. 당신의 편지에서 나타난 것처럼 과학을 '진리'로 칭해서는 절대 안 됩니다. 과학에 대한 당신의 확신이 비관주의를 낳은 것입니다. 불신을 허용할수록 희망의 여지는 늘어납니다. 믿음에 불순물이 섞여 있지 않으면 희망은 존재할 수 없습니다.

삶이 나에게 무엇을 해 주었는지 물었지요? 삶은 내게 천성적인 이기주의를 벗어날 기회를 몇 차례나 주었습니다. 그것만으로도 나는 깊이 감사합니다. 하지만 삶은 또한 내게 더욱 폭넓은 지적 안정을 선사했지요. 콩트가 처음으로 『그리스도를 본받아』*의 한 구절을 인용하며 동의를 표했을 때 나는 욕설을 내뱉었습니다. "우리는 우선 믿지 않고서는 이해하길 바랄 수 없다"던 뉴먼**의 가르침도 이와 비슷했지요. 하지만 지금 와서 내 평생의 경험을 돌아보니 정말로 그렇다는 게 얼마나 명백한지요. 이제 나의 신앙과 이성은 서로를 존중하며, 그리하여 나는 평화를 얻었습니다. 내가 한 말씀 드려도 될까요? 확신하건대 당신도 서서히 나와 같이 평온한 상태에, 적어도 나와 같은 결론에 이르게 될 겁니다. 그렇지 않을 리가 없지요. 당신의 편지에서는 지속되기엔 너무도 격렬한 불만족이 드러나기 때문입니다.

---

* 15세기에 토마스 아 켐피스가 쓴 신앙 고백서로 지금까지 대표적인 기독교 서적으로 꼽힌다.
** 19세기 복음주의 철학자이자 성직자인 존 헨리 뉴먼을 가리킨다.

10

세 여성의 해석

남성들의 이야기는 충분히 들었다. 그렇다면 여성들은 우리의 기이한 행성과 거기서 살아가는 삶에 관해 어떻게 생각할까? 대부분은 현명하게도 아예 그런 생각을 거부하는 듯하다. 앞서 말한 문제들을 직시하고 내 편지에 답장을 보낸 여성이 별로 없는 듯하니 말이다.

내가 보기엔 여성들이 종족 보존이라는 업무에 매진하는 시간을 제외하면 이 문제를 더 깊이 의식하지 않는가 싶다. 하지만 그 깊은 비밀을 담아낼 언어나 그 밖의 지적 표현을 발견하지는 못한 것이다. 우리의 숙적, 아니 우리의 아내와 연인 들이 스스로에 관한 책을 쓴다면 그것이 남성들에게 얼마나 큰 계시이자 증언이 될 것인가!

가장 먼저 답장을 보낸 여성은 메리 울리였다. 최고의 여학교로 손꼽히는 마운트홀리요크대학교의 총장이다.

✉ **메리 울리의 답장**

내가 삶을 살아갈수록 삶의 의미도 커졌습니다. 내 인생은 어린 시절보다 더 의미 있고 행복해졌을 뿐 아니라 우울한 순간도 훨씬 줄어들었지요. 이렇게 삶의 의미가 성장할 수 있었던 것은 종교 덕분입니다. 종교가 아니라면 나는 계속 '살아갈' 수 없을 겁니다. 살면서 점점 더 세상의 고통을 뚜렷이 의식하고 그로 인해 더욱더 괴로워지니까요. 절대적 힘을 가진 그분, 성찬식에 의미를 부여하는 인격체에 대한 믿음 없이 한 사람이 어떻게 삶을 대면할 수 있을지 나로서는 이해하기 어렵습니다. 나의 신앙은 단순하고 딱히 신학이라 할 만한 것도 아니지요. 내게 예수 그리스도는 사랑과 신성의 절대적 현현이며,

예수의 삶은 인간의 삶이 똑같이는 아니라도 본질적으로 따라야 할 본보기이자 영감입니다.
다른 이들의 삶 또한 나를 "노력하게 만드는 원동력"입니다. 내가 실제로 아는 사람도 있고 역사 속의 인물도 있지요. 힘차고 아름답게 살아간 사람이 존재한다는 사실은 인생의 활력소가 됩니다. 인간의 삶에서 사랑이 무엇을 이루어 낼 수 있는지 말없이 보여 주시는 내 부모님 또한 내게 활력을 주는 분들이지요.

메리 울리(Mary Emma Woolley, 1863-1947)
미국의 교육자, 여성 참정권 운동가. 브라운대학교 최초의 여학생이었으며 마운트홀리요크대학교 제11대 총장을 역임했다.

나의 또 다른 "원동력"은 다른 이의 삶에서 숨은 가능성을 이끌어 내는 데 참여할 수 있는 기회입니다. 나처럼 오랫동안 젊은이들을 상대로 일한 사람이 어떻게 비관주의자가 될 수 있을지 모르겠군요! 멋지고 강한 존재로 성장해 피어나는 삶을 나는 아주 많이 보았답니다.
그리고 "위안과 행복"은 그야말로 모든 것에서 얻을 수 있지요. 나는 지금 가을날의 영광이 절정에 달한 10월 아침에 이 편지를 쓰고 있습니다. 살아 있다는 것만으로도 감동을 느끼게 되는 그런 날이지요. 그러다 잿빛 날들과 우울한 순간이 오면 "신이 하늘에 계시네"라는 깨달음이, 설사 "만사가 좋다"*는 느낌과는 거리가 멀지라도 나름의 위안과 행복을 줍니다. 그리하여 나는 또다시 나를 계속 살아가게 하는 종교로 돌아가지요!

이탈리아에서는 일견 단순한 듯하지만 의미심장하게 느껴지는 답장이 왔다. 지나 롬브로소는 위대한 심리학자 체사레 롬브로소의 딸이자 위대한 역사가

* 19세기 영국 시인 로버트 브라우닝의 희곡 『피파는 지나간다』(Pipa Passes)의 마지막 두 구절이다.

굴리엘모 페레로의 배우자이며 그 자신도 작가이자 사상가다.

✉ **지나 롬브로소의 답장**

편지는 감사히 받아 보았습니다. 당신이 제시한 문제는 누구나 그렇듯 나 역시 고민해 온 것들입니다. 내가 내놓을 수 있는 가장 솔직한 대답은 사랑이야말로 존재의 진정한 이유라는 것입니다. 사랑은 우리를 서로 묶어 줍니다. 마치 삶이 우리에게서 떠나간 자들과 우리 후손들을 묶어 주듯이 말이지요. 어린 시절 내 삶이 우리 아버지의 삶과 풀 수 없을 만큼 단단히 묶여 있다고 느꼈던 게 생생히 기억납니다. 나는 오직 아버지를 돕기 위해 태어난 거라고, 그분이 돌아가시면 나도 함께 사라질 거라고 생각했지요. 하지만 아버지가 돌아가신 후에도 나는 그와 똑같은 방식으로 내 남편과 아이들에게 묶여 있었습니다. 그래요, 삶의 근본적인 이유는 사랑입니다. 그중에도 가족에 대한 사랑이 가장 널리 알려져 있고 수월하지요.

인생 경험이 어느 정도 쌓인 이후로는 가능한 한 많은 사람이 활용할 수 있도록 그 경험들을 종합하는 것이 내 삶의 이유가 되었습니다. 어느 쪽이든 간에 삶의 이유는 사람들을 서로 묶어 주는 사랑이지요. 첫 번째로는 가족에 대한 사랑(나도 여성이니까요!), 그다음으로는 우리와 닮아 있어 같은 경험을 전수할 수 있는 모든 이들에 대한 사랑 말입니다.

지금까지 가장 흥미로운 답장을 보내온 여성은 헬렌 윌스였다. 그는 존재 자체로도 마땅히 삶의 이유가 될 만하다. 미국 여성의 이미지 신장에 마네킹과 모자 장사꾼 수천 명을 합친 것보다 더 큰 공헌을 해왔으니까. 그리고 최고의 미국 여성은 ―최고의 유럽 여성도 마찬가지지만― 인생에 대한 믿음과 자부심을 정당화하기 충분한 가능성의 실현을 보여 주는 것이다. 이 편지에서 그는 테니스 실력만큼이나 뛰어난 필력을 보여 주었다.

✉ **헬렌 윌스의 답장**

스물다섯 살 여성은(혹은 남성이라도) 선생님이 편지에 거론하신 것처럼 거창한 주제에 관해서는 말을 아껴야 하겠지요. 인생에 관해 깔끔하고 완벽한 결론에 도달했다는 느낌이야말로 젊음의 증거라고들 하더군요. 정말로 그렇다면 —아마도 그렇겠지만— 나는 상당히 나이를 먹은 게 분명하네요. 그 무엇에 관해서도 좀처럼 확신할 수가 없으니까요.

내가 확실히 원하는 단 한 가지는 내 마음속에 항상 머물러 있는 듯한 불안을 해소할 수단입니다. 테니스든, 그림이든 뭐든 상관없어요. 어릴 때는 그게 무엇인지 몰랐지만 이제는 대충 알 것 같습니다. 내가 오래전부터 그토록 빠르고 격렬하게 테니스를 쳤던 것도 바로 그 때문이었지요. 학교에서 열심히 공부하고 어쩌다 문법 시험에서 만점을 못 받았을 때 울기까지 한 것도 그 때문이었고요. 대학교에서 파이 베타 카파 열쇠를 받으려고* 그렇게 노력한 것도 그 때문이었습니다. 나는 결국 목표를 이루었지만 그러지 못했더라면 분명히 울음을 터뜨렸을 테지요.

---

* 미국의 명문대학에서는 최우수 졸업생에게 황금으로 만든 파이 베타 카파 열쇠를 수여한다.

이 같은 불안, 어느 정도의 완벽함에 도달하려는 끝없는 바람이 특이한 형태의 자만심은 아니기를 간절히 바랄 뿐입니다. 내게는 바로 그것이 종교니까요. 나를 "노력하게 만드는 원동력"(내가 얼마나 '노력'했는지요!)이고요. 내가 좋아하는 일에 꾸준히 매진함으로써 순간순간 마음을 사로잡는 슬픔과 초조와 분노를 해소할 수 있습니다. 그러고 나면 내 마음은 행복해지고 거의 평화로워지기까지 하지요.

이처럼 부단한 불안, 계속 나아가 어느 정도의 완벽함에 이르고 싶은 희망은 아름다움에 대한 애정과 뒤섞여 있습니다. 어쩌면 아주 긴밀하게 연관되어 있다고도 할 수 있겠지요. 적당한 단어를 찾기가 어렵네요. 예술 작품의 완벽한 아름다움을 감상하다 보면 그런 깨달음을 얻게 됩니다. 마치 내가 다른 차원으로 이동하는 것 같지요(계속 단어를 늘어놓고 있네요, 하지만 여전히 딱 맞는 말이 생각나지 않는군요). 음악, 조각, 특히 회화에 있어서 말이지요. (물론 내가 말하는 예술 작품의 완벽함이 마무리의 매끄러움이나 '그럴싸함', 즉 기존의 '완벽함'을 의미하는 건 아닙니다.) 예술 작품이나 자연에서(하지만 예술 작품 '속의' 자연은 아니고요) 색채의 조화를 발견할 때면, 진부한 표현이지만 숨이 턱 막히는 것처럼 느껴집니다. 그런 느낌이 나를 옥죄어 나 역시 그에 상응하는 격렬한 정신적 반응을 일으키게 되고요(!!). 어떤 분야에서든 완벽함과 아름다움은 나를 매혹시키지만 그런 경험의 대부분은 역시 예술에서, 특히 추상적인 의미에서 오는 것이지요.
당연한 얘기지만 누구나 자신의 감정이 유일하며 특이하다고 생각합니다. 나도 지금 내 마음속의 불안에 특별한 의미를 부여하려 애쓰고 있고요. 하지만 어쩌면 이 불안한 나라에 사는 내 또래 모든 젊은이의 가슴속에서 똑같은 감정을 발견할 수 있을지도 몰라요.
내게 종교 규율에 따르고 싶은 마음이 있는지는 잘 모르겠습니다. 울타리로 구획된 여러 개의 반듯한 격자처럼 넌 여기로 가야 해, 저기로 가면 안 돼, 하며 가로막는 종교라면 말이지요. 완벽한 아름다움이 내재된 하나의 목표를 위해 시도하고 싸우고 헌신할 권리를 빼앗긴다면 나는 살기가 싫어질 테니까요.
우리 집 복도에는 고대 그리스풍의 흰 대리석 여성

두상이 놓여 있습니다. 일 년쯤 전에 유산으로 상속받은 것이지요. 실제로 고대 그리스에서 만들어졌지만 자잘한 흠집만 좀 있을 뿐 코도 눈썹도 턱도 완벽한 상태로 여러 세기를 지나온 작품입니다. 흰 벽을 배경으로 검은 대리석 받침 위에 놓여 옆모습을 뽐내고 있지요. 하루가 지나는 동안 얼굴을 비추는 빛은 시시각각 바뀝니다. 때로는 이마와 뺨과 코에 떨어지는 빛이 너무도 희미하여 그 섬세한 두상과 뒤쪽의 흰 벽을 거의 구분할 수 없을 정도지요. 또 때로는 빛이 환하게 비쳐들어 강인하고도 섬세한 턱, 사려 깊게 보이는 눈썹 등 깔끔한 옆얼굴이 뚜렷하고 힘차게 두드러지기도 하고요. 빛이 덩굴손처럼 구불구불한 머리칼을 따라 뒤통수로 움직여 갑니다. 그러다 보면 마치 빛과 머리칼이 만나 매듭을 짓는 것처럼 보이지요. 두상의 목은 강인하고 둥그스름하며 단단합니다. 나는 눈을 감고 그 얼굴 윤곽선을 따라 손가락을 미끄러뜨리면서 매번 내 눈이 미처 보지 못했던 입체감을 발견하는 짜릿함을 즐깁니다. 마치 눈을 감고 실제 손가락 끝으로 더듬어 보기 전까지는 그녀 얼굴의 진정한 메시지를 이해할 수 없는 것 같아요.

이 두상은 수집가의 갤러리에서 왔지만 나는 그 내력을 전혀 모릅니다. 내가 아는 건 그것이 아름답고 거의 완벽하다는 사실뿐이지요.
그 두상을 바라보면 순간순간 지극히 즐거워집니다. 하지만 나의 불안, 그리고 계속 움직이면서 어떤 아름다움과 완벽함에 이르고 싶은 욕망을 더욱더 날카롭게 인식하기도 하지요. 내게 삶은 흥미롭고 재미있고 행복한 것입니다. 내 마음속 불안을 위한 어느 정도의 활동만 누릴 수 있다면요. 그 활동이 거침없고 결코 끝나지 않으며 거의 항상 내 생각을 잠식했으면 합니다. 나는 소위 '외골수'가 되고 싶어요(물론 들어오는 정보를 차단하지는 않을 겁니다. 나는 뭐든지 다 알고 싶으니까요). 하지만 더 정확히 말하자면 외골수로 달리는 자동차 안에 틀어박혀 조개처럼 껍데기를 꼭 닫고서 무한한 지평선, 혹은 그 비슷한 것을 향해 빠르게 달려가고 싶다는 거지요.
"나에게 가장 소중한 궁극적 가치"가 무엇인지 물으셨지요. 내가 알았다면, 그것이 '바로 나 자신!'이라고 확신할 수 있었다면야 감히 그렇게 대답했을 것입니다. 하지만 스물다섯 살밖에 안 된 사람이 뭔가를 확신한다고 말하는 건 우스운 일이지요. 대학 시절에 일 년 반 동안 들었던 철학 수업을 좀 더 잘 이해했더라면 내가 인생을 어떻게 생각하는지 좀 더 조리 있게 쓸 수 있었을지도 모르겠군요. 나는 필기를 무척 많이 했고 제목이나 소제목 등을 붙여서 세심하게 개요 정리도 했지만 그럼에도 핵심을 놓쳤던 모양입니다.

얼마 전 데뷔작으로 구겐하임상을 받은 젊은 작가가 있습니다. 인생의 거의 모든 것에 열광적인 사람이지요. 그가 지난봄 파리에서 들려준 이야기 덕분에 다시 한번 철학에 도전해 봐야겠다는 생각이 들었어요. 산타야나*라는 철학자에 관한 이야기였습니다. 그 이름을 들으니 대학교에서 그가 쓴 책을 여러 권 읽은 기억이 나더군요. (이름 때문에 그가 극동 지역의 철학자일 거라고 짐작했지만 그렇진 않은가 봐요. 실은 한때 하버드대학에서 지냈던 사람이라고 합니다!)

그 이야기는 다음과 같습니다. 어느 봄날이었지요. 따스한 햇볕과 산들바람이 학생들을 유혹해 수업에서 끌어내려는 듯한 날씨였어요. 산타야나는 책상에

* 조지 산타야나(1863-1952). 에스파냐 태생의 미국 철학자, 시인, 평론가.

앉아 학생들에게 책을 읽어 주고 있었습니다. 수강생들은 앉거나 느슨히 기대어 있었지만 하나같이 무관심한 태도였지요. 산타야나의 목소리가 차츰 잦아들었습니다. 그의 눈이 학생들을 죽 훑다가 마침내 창밖에서 자라고 있는 나무 한 그루에 멈추었지요. 나뭇잎은 작고 부드러우며 새로 난 잎답게 파릇파릇했습니다. 산타야나는 책을 덮었습니다. 잠시 침묵이 흘렀지요. 그리고 일어나 이렇게 말했습니다. “학생 여러분, 봄입니다!” 그렇게 모자를 쓰고 나가서는 두 번 다시 돌아오지 않았습니다.

나는 이 이야기가 사실이길 바랍니다. 떠나간 그가 자신만의 외골수 여정에 올라서 이후로 영원히 행복하게 살았길 바랍니다. 그는 (아마도) 자신만의 불안 속에서 뭔가를, 아름다움과 완벽함을 규명해 줄 그 무엇을 찾고 있겠지요. 그러한 탐색에 수반되는 부단한 활동에서 자신만의 기쁨을 얻겠지요(아마도요).

나의 그리스풍 두상을 제작한 조각가도 분명히 똑같은 불안을, 완벽함과 아름다움을 향한 갈망을 마음속에 품고 있었을 겁니다(적어도 나는 그렇게 생각

헬렌 윌스(Helen Newington Wills, 1905-1998)
미국의 테니스 선수. 프랑스오픈, 윔블던, US오픈에서 20회 넘게 우승을 차지했으며 미국 내 모든 종목을 통틀어 가장 위대한 선수 중 한 명으로 평가받는다.

합니다). 그는 자신의 작품에서 기쁨을 얻었지요. 그가 평생 최고로 행복했던 것은 저 아름다운 얼굴의 윤곽선을 대리석에서 끌로 끄집어낸 바로 그 시기였는지도 모릅니다. 수백 년 전의 일이지요. 지금도 나는 복도를 걸어가 두상을 보고 그 메시지를 이해할(내 생각에는 그래요) 때마다 전율합니다. 멈추지 않는 영혼의 메시지 말이지요.
나는 멈추지 않기를 바랍니다. 계속 움직이면서 모종의 아름다움과 완벽함을 추구하고 싶습니다. 설사 내게 재능이 부족하다 해도 움직이는 기쁨은 누릴 수 있겠지요. 게다가 희망은 항상 존재하니까요. 적어도 젊고 멈추지 않는 사람에게는 말이지요.
선생님이 편지를 보낸 다른 사람들은 아마도 명료한 답변을 보낼 수 있겠지요. 나도 그랬으면 좋겠습니다. 버나드 쇼의 답장이 어떨지 궁금하네요. 그분은 언젠가 내게 테니스는 풀이 30센티미터 정도는 자란 벌판에서 쳐야 한다고 이야기했거든요. 공 없이 말이지요. 어쨌든 나는 내가 진정으로 믿는 그대로를 말씀드렸습니다!!
내 편지를 판단하실 때 몇 가지를 고려하셔야 해요.

첫 번째로 내가 선생님의 명단에서 가장 젊은 사람이라는 것, 두 번째로 나는 두뇌가 아니라 체력 덕분에 그 명단에 오른 유일한 사람이라는 것 말이지요!

추신:
내 생각에 아무래도 불안은 고질병 같아요. 테니스에 관해서는 별로 말씀드리지 않았지요. 그것도 '불안에 따른 활동'이라는 분류 아래 속하니까요.

추추신:
내게 충분한 물감과 커다란 작업실과 적당한 빛만 있다면 (그릴 소재야 항상 무궁무진하니까요) 나는 그림을 그리는 활동으로 한껏 행복한 나머지 천문학자들이 뭐라고 예언하든, 생물학자들이 뭐라고 선언하든, 사랑은 어떤 것이어야 하며 종교가 어떻게 되었든 간에 신경 쓰지 않을 겁니다. 확실히 나는 짜증 나게 이기적인 사람이로군요.

(11)

감옥에서의 단상

출판사에서 한 가지 제안을 해 왔다. 나의 편지를 최근 전과 4범으로 종신형을 선고받은 죄수에게 보내자는 것이다. 부당하게도 미래를 빼앗기고 죽을 때까지 공허한 시간밖에 남지 않게 된 사람의 관점에서 삶은 어떤 의미를 지닌 것처럼 보일까?

그의 답장은 매우 사려 깊고도 유려하여 마땅히 이 토론의 장에서 한 자리를 차지할 만하다. 우리가 이처럼 뛰어난 지성을 영구히 가두어 놓는 대신 더욱 유용하게 활용할 길을 찾아내지 못했다는 사실이 경악스러울 뿐이다.

✉ 오언 C. 미들턴(뉴욕 싱싱교도소 종신형 죄수 79206번)의 답장

어느 유명 작가이자 철학자가 해묵은 질문에 대한 답을 구한다고 하더군요. 인생의 의미 혹은 가치는 무엇인가 하는 질문 말이지요. 그 사람만큼이나 유명한 어느 출판사에서는 나에게 현재의 상태를 어떻게 견디고 있는지 물어 왔고요.

철학자에게 내가, 즉 종신형을 받고 감방 벽 안에 갇혀 있는 사람이 들려줄 수 있는 대답은 나에게 인생의 의미란 거대한 진리를 이해할 수 있는 나 자신의 능력, 교훈을 배워 요긴하게 써먹을 수 있는 그 능력에 달려 있다는 것입니다. 다른 한계는 존재하지 않아요. 한마디로 인생의 가치란 딱 그것을 쟁취하고 활용하려는 나의 의지만큼인 것이지요.

출판사에는 이렇게 말하겠습니다. 삶이란, 심지어 감방 안에서도 바깥에 있는 사람의 삶만큼이나 흥미로우며 가치로울 수 있다고요. 그 자신의 인생철학이 건전하다고 믿기만 한다면 말입니다.

내 인생철학은 투박하며 진실만을 길잡이 삼는 단순

한 믿음들로 이루어져 있습니다. 내게는 인생의 진면목을 볼 수 있는 능력이 있기에 무수한 추측과 모순되는 생각 속에서도 표류하지 않고 정신적 균형을 유지할 수 있지요.
철학자는 이렇게 논합니다. "우리는 '진리'의 발견이야말로 인간이 저지른 역사상 최대의 실수였다는 결론을 내리기 직전에 와 있습니다. '진리'는 우리를 자유롭게 하지 못했습니다. 우리를 위로하고 보호하던 환상과 절제를 앗아갔을 뿐입니다. '진리'는 우리를 행복하게 하지 못했습니다. 그것은 아름답지도 않으며 그토록 열렬히 갈구할 가치가 없는 것으로 드러났기 때문입니다. 이제와 그것을 바라보면 우리가 왜 그토록 성급하게 '진리'를 찾으려 했는지 의아할 뿐입니다. '진리'는 순간적인 쾌락과 내일의 사소한 희망 외에는 존재의 이유를 앗아갔으니까요." 우리의 행복과 존재 이유가 환상과 잘못된 관습과 미신 속에서 위안을 구하려는 천성에 의존하고 있다는 얘기라면 나 역시 동의합니다. 진리가 그런 미심쩍은 위안들을 빼앗아 간다면 우리는 당연히 불행해지겠지요. 하지만 그렇지 않습니다.

진리는 아름답지 않지만 딱히 추하지도 않습니다. 왜 둘 중 한쪽이어야 합니까? 통계의 숫자가 그저 숫자일 뿐이듯 진리도 그저 진리일 뿐입니다. 자기 사업의 정확한 상태를 알아보고 싶은 사람은 통계를 확인합니다. 통계가 불량한 사업 상태를 드러낸다 해도 그는 통계를 욕하거나 자신의 환상을 깨뜨린 통계가 추악하다고 말하지 않습니다. 그런데 어째서 진리를 저주하겠습니까? 진리가 그의 인생에서 하는 역할은 사업에서 통계가 하는 역할과 다를 바 없는데 말입니다. 우리는 선천적인 우상 숭배 성향 때문에 진리의 조각상이 고귀한 의복을 둘렀을 거라고 상상합니다. 그러나 막상 초라하고 벌거벗은 모습의 진리가 눈앞에 나타나면 '환상이 깨졌다'고 외치지요. 관습과 전통 탓에 우리는 진리와 자신의 믿음을 혼동하기에 이르렀습니다. 관습과 전통, 현재의 생활방식은 우리가 이런저런 물질적 안락을 누리는 이런저런 신체적 상태가 아닌 이상 행복할 수 없다고 믿게 만들었지요. 그것은 진리가 아니라 믿음일 뿐입니다. 진리가 우리에게 말해 주는 것은 행복이란 정신적으로 만족스러운 상태라는 점입니다. 그런 만족은 무인도에서도, 작은 마을에서도, 대도시의 다세대 주택에서도 찾을 수 있지요. 부자의 대저택에서도 빈자의 오두막에서도 발견할 수 있습니다.

감옥에 갇혀 있다고 해서 불행한 것은 아닙니다. 그렇다면 자유로운 사람들은 모두가 행복하겠지요. 가난하다고 해서 불행한 것도 아닙니다. 그렇다면 부자들은 모두 행복하겠지요. 작은 마을에서 태어나 거기서 죽는 사람도 종종 평생을 여행하며 보내는 사람만큼 행복하거나 오히려 그보다 더 행복하기도 합니다. 내가 예전에 알았던 어느 늙은 흑인은 낫 놓고 기역 자조차 몰랐지만 그의 고용주인 대학 교수보다 더 행복하게 살고 있었습니다. 인도에서도, 중국에서도, 아프리카에서도, 스페인에서도, 터키에서도 사람들은 행복해하지요. 동서남북 어디에나 행복한 사람은 존재합니다. 행복한 유명 인사들이 있는가 하면 무명으로 살아가면서 행복한 사람도 많이 있습니다. 행복은 인종, 경제 상태, 사회계급, 지리적 조건에 달린 것이 아닙니다. 그렇다면 행복이란 대체 무엇이며 어떤 심오한 원천으로부터 나오는 것일까요?

이성에 따르면 행복은 정신적으로 만족스러운 상태이며, 만약 그 전제가 옳다면 행복의 논리적 원천은 바로 우리의 마음속일 것입니다. 흔히 마음은 물질을 초월할 수 있다고들 말하지요. 그러니 정신적 만족은 어떤 상태에서든, 심지어 감방 안에서도 찾아낼 수 있는 것이라고 상정한다면 잘못된 생각일까요?

어떤 이들은 사상과 발명과 발견이 인간의 삶을 가망 없는 모험으로 만들었다고, 인류는 패배와 망각을 향해 가는 무기력한 노리개일 뿐이라고 주장합니다. 그리하여 인간은 그런 우울한 전망을 외면하며 외치지요, "이게 다 무슨 소용인가?"

자연사가 우리에게 준 교훈에 따르면, 세상에서 유일하게 진실하고 절대적인 진보인 진화의 위대한 설계도에서 점진적 변화에 적응하지 못한 생물체는 완전히 지워져 버렸습니다. 그들에게는 소위 '발명'이라는 건설적 본능이 없었던 것이지요. 삶은 쉼 없는 변화의 상태이며 인간은 사상과 발명의 진보를 통해 그러한 변화에 적응할 수 있었습니다. 사실 우리의 적자 상태, 우리의 유일한 생존 가능성은 바로 우리의 왕성한 발명 능력에 달려 있지요.

선사 시대의 물고기는 지느러미를 다리로 진화시키면서 기존의 서식지와 습성을 벗어나 뭍으로 올라왔습니다. 그들은 비행기를 발명한 라이트 형제만큼이나 뛰어난 발명가인 셈이지요. T. S. 엘리엇은 『황무지』를 통해 혼돈의 세계상을 상당히 그럴듯하게 묘사해 보이지만, 나는 감히 그 세계의 전제 자체에 의문을 제기하고 싶습니다. 과학, 발명, 사상과 추론은 나에게 세상은 질서의 살아 있는 상징이며 진화는 인간이 눈먼 만큼만 맹목적이라는 것, 혼돈은 오직 인간의 마음속에 존재하는 것임을 가르쳐 주었지요. 이성은 내가 이와 다른 관점에서 삶을 보는 것을 허용하지 않습니다. 내게 인생은 부단히 앞으로 움직이는 강과 같습니다. 소용돌이도 있고 역류도 있겠지만, 강줄기 자체는 계속 나아가는 것이지요.

인생은 역행할 수 없습니다. 인간도 마찬가지입니다. 그는 자신이 살아가는 우주, 어느 정해진 운명을 향해 나아가는 우주의 필수적인 일부분입니다. 인간의 생명이 우연의 산물이었다는 이론에는 나도 수긍합니다만 그렇다고 해서 그 생명이 무의미한 것은 아닙니다. 인생이 무의미하다는 결론에 도달할 만큼 깊이 숙고해 본 사람이라면 분명 지성인이겠지요. 하지만 지성인이라면 무의미한 일은 하지 않을 텐데, 그런 주장을 내세우는 사람들도 계속 인생을 살아가고 있거든요. 그것만 봐도 나는 그들이 자신의 주장에 완전히 동의하진 못한다고 결론을 내릴 수밖에 없습니다. 신문을 읽다가 누군가 자살을 기도했다는 기사를 볼 때마다 나는 이렇게 중얼거립니다.

"정말로 인생이 무의미하다고 믿은 사람이 있긴 있었구먼."

기계의 시대가 인류의 퇴락을 초래했다고 비판하는 사람들은 육체노동도 인간의 자연적 상태가 아니라 후천적 습관일 뿐임을 미처 생각하지 못하는 것입니다. 원시인들이 자연에 적응하여 생존하기 위해 찾아낸 조잡한 수단이자 의무를 수행하고 삶에 따르는 장애물을 극복하기 위한 하나의 방식일 뿐이었다는 것을요. 기계는 인간의 생존 투쟁이라는 동일한 목적을 그야말로 훨씬 빠르고 효율적으로 이루어 줍니다. 인간은 생활 방식을 바꾼 만큼 사상과 습관, 어쩌면 자신의 형태마저 변화시켜야 하겠지요. 희미한 태초의 시간에 인간의 신체는 여러모로 변화를 이루었습니다. 그러니 우리가 향해 가고 있는 머나먼 미래에도 그렇지 않겠습니까? 생명이 깊은 바닷속에서 여울로 나오고 다시 여울에서 땅으로 올라왔듯이 말입니다.

오늘 저녁 나는 감옥 마당에서 다른 죄수들 가운데 서 있습니다. 다들 고개를 쳐들고 우리 머리 위로 장엄하게 흘러가는 거대하고 아름다운 비행선 '로스앤젤레스' 호를 바라보고 있지요. 내 마음속에 문득 이런 생각이 떠오릅니다. 선사 시대의 생물체가 바다를 빠져나와 육지로 올라왔듯, 인간도 육지에서 하늘로 올라가기 위해 분투하는 중이라고. 언젠가는 인간이 광대한 행성 간의 공간을 통과하여, 지금 우리가 선사 시대의 인간보다 더 높은 차원에 이르렀듯이 저 비행선만큼 드높은 또 다른 차원으로 올라설 수 있는 지식을 얻어 내지 못할 거라고 어느 누가 장담하겠습니까?

운명이 어떤 위대한 목적지로 인간을 이끌어 갈지 나는 모릅니다. 딱히 알고 싶지도 않고요. 그 목적지에 도달하기 한참 전에 나는 내 역할을 다하고 대사를 마친 다음 사라졌을 테니까요. 내게 중요한 것은 오직 내가 그 역할을 어떻게 수행하느냐 하는 것입니다. 내가 인간의 생명이라는 이 거대하고 놀라우며 꾸준한 상향 운동에서 분리할 수 없는 존재라는 인식, 역병이나 신체적 고통이나 절망이나 감옥조차도, 그 무엇도 이 역할을 내게서 빼앗아 갈 수 없다는 인식이 내게는 위안이자 영감이자 궁극적인 가치입니다.

(12)

회의론자들의 발언

마지막은 회의론자들의 답장이다. 결국 우리의 질문은 대답 불가능한 것임을 상기하기 위해서라도 어쩌면 이들의 답변으로 마무리하는 것이 좋을지 모르겠다.

첫 번째로 영국의 악동이자 모든 대륙에 명성이 자자한 말썽꾼, 그리고 이제 상원의사당의 골칫거리가 될 예정인 사람의 답장을 읽어 보자.

✉ 버트런드 러셀의 답장

이렇게 말하려니 유감입니다만, 지금 당장은 내가

너무 바쁜 나머지 삶에는 의미도 뭣도 없다는 데 동의할 수밖에 없군요. (……) 진리의 발견이 어떤 결과를 가져올지 우리가 판단할 수 있을 거라고는 생각지 않습니다. 지금까지 아무것도 발견되지 않았으니까요.

버트런드 러셀(Bertrand Arthur William Russell, 1872-1970)
영국의 철학자, 수학자, 역사가, 사회비평가. 반핵, 반전, 시민불복종 운동 등을 전개하고 당대 사회의 주요 현안에 적극 참여한 실천적 지식인이었다. 『서양철학사』, 『인간 지식』, 『결혼과 도덕』 등을 집필했으며 1950년 노벨 문학상을 수상했다.

두 번째이자 개중에 가장 솔직한 답장은 다른 저자의 인세에 보탬이 되고 싶지 않았던 사람에게서 온 것이다.

✉ **헤르만 카이절링 백작의 답장**

당신이 제시한 것 같은 질문에 편지라는 형태로 진지한 답변을 한다는 건 결단코 불가능합니다. 게다가 굳이 나의 생각을 드러내겠다면 다른 저자의 책에 내용을 제공하기보다 내가 직접 무대를 세우는 쪽이 더 나을 듯합니다.

마지막이자 가장 짧은, 그리고 아마도 가장 현명한 답장은 거대한 두상과 톨스토이를 닮은 얼굴을 가진 버나드 쇼가 보낸 편지다. 그는 꼼꼼하고 나무랄 데 없는 필치로 다음과 같이 몇 마디만 적었다.

버나드 쇼(George Bernard Shaw, 1856-1950)
아일랜드의 극작가, 화가, 비평가. 『무기와 인간』, 『인간과 초인』, 『피그말리온』 등을 썼고 1925년 노벨 문학상을 수상했다.

✉ **버나드 쇼의 답장**

젠장, 내가 어찌 알겠소?

그런 질문에 뭔 의미가 있단 말이오?

이렇게 하여 우리는 막다른 길에 이르고 말았다. 이렇게 까칠하고 불쾌한 편지에 뭐라고 답장할 수 있겠는가? 삶을 외부에서 심판하거나 더욱 거대한 총체의 일부로 간주하지 않고서 삶의 의미를 포착할 수 있을까? 그런데 우리 중에서 누가 그럴 수 있을까? 이는 우리의 탐색을 마치는 유쾌한 종지부이자 '쥐구멍 안에 없는 쥐 잡기'라는 오래된 형이상학의 혼란스러운 사례라고 하겠다. 그렇다면 우리는 탐색을 포기해야 할까? 천만의 말씀이다. 이제 우리가 직접 이 문제에 직면해 보자.

3부

나의 답장

13

삶의 의미에 관하여

1930년에 나는 자살을 생각한다는 내용의 편지를 각각 다른 사람들에게서 여러 통 받았다. 비극적인 사연으로 날 심란하게 했던 사람들 중에 실제로 목숨을 끊은 이는 내가 아는 한 아무도 없다. 하지만 그것은 내 설득이 타당했기 때문이 아니라(모든 지적 이론이 그렇듯 인간의 감정이나 절망 앞에서는 허약하고 무력했을 테니까) 죽음에 따르는 고통의 실재성 때문이었으리라. 어쩌면 우리에게 존재하는 것은 살고자 하는 의지가 아니라 죽음에 대한 공포뿐일지도 모른다. '사회적 본능'이라는 것은 없으며 고독에 대한 공포만이 존재하는 것처럼.

이 장에서는 내가 그들과 주고받은 편지 내용을 요약 정리하고, 그러는 김에 이 책 1부에서 제기한 질문들에 대한 몇 마디 논평도 추가했다.

✉ 자살하려는 사람에게 보내는 편지

이름 모를 당신에게,

당신이 자살할 생각이라고 써 보낸 편지를 받았습니다. 그처럼 과격한 결론을 내린 전제가 내겐 무척 인상 깊었지요. 지극히 평범한 개인의 자살 선언도 삶에 대한 고발로서 충분히 인간사를 연구하는 자의 주의를 끌 수 있다는 점, 그리고 정직한 철학이라면 매일 이어지는 자살을 이 세상의 쓰디쓴 현실로 반드시 포함시켜야 한다는 점에서 말입니다. 그렇지 않다면 우리 중 누군가의 죽음은 자연의 관점에서는 별로 중요치 않은 연대기적 사건에 불과할 테니까요. "인간은 이 세상을 뜰 때도 이 세상에 올 때만큼 참고 인내해야 한다"* 당신에게서 인상적인 점은 절망의 명백

* 윌리엄 셰익스피어의 희곡 『리어 왕』 5막 2장의 대사.

한 논리, 인생 전반과 모든 지식을 되돌아본 결과 「전도서」의 한 구절처럼 모든 게 헛되고 헛되다는 것을 깨달았다는 절대적 결론입니다. 그러나 잠시만 내 말에 귀 기울여 주면 좋겠습니다. 자살하려는 사람을 거듭 만류한 끝에 함께 이 문제를 토론해 보자고 설득할 수 있었던 경찰관의 이야기는 나 역시 잘 알지만 말입니다. 당신도 기억하겠지만 결국 두 사람은 같은 다리에서 함께 투신했다지요. 인생의 가치를 놓고 당신과 토론한 끝에 나 역시 죽음의 매력에 설득될지도 모르겠습니다. 그렇다 해도 한번 시도해 보렵니다.

자살에의 이유

거두절미하고 고백하건대, 삶의 의미가 무엇이냐는 당신의 질문에 나 역시 절대적이거나 형이상학적 의미에서의 해답은 제시할 수 없습니다. 나는 세상 모든 것에 궁극적 의미가 있으리라고 짐작하지만, 우리의 보잘것없는 정신으로는 그 의미를 헤아릴 수 없다는 것도 압니다. 어떤 존재의 의미는 그것을 포함하는 총체와의 관계 속에 있으니까요. 그런데 어떻게 당신이나 나 같은 생명의 한 파편, 한 단면이 자기의 한계를 벗어나서 세상의 총체성을 파악하거나 이해하는 척할 수 있겠습니까? 우리는 '세상'이나 '삶', '영원', '무한', '태초'와 '종말' 같은 단어들로 말장난을 합니다만, 마음속으로는 그런 말들이 단지 우리 무지의 표식에 불과하다는 걸 잘 압니다. 그 단어들의 진정한 의미를 우리는 절대 이해할 수 없으니까요. 철학은 신을 추방한 뒤 인간을 그 자리에 놓았습니다. 그리고 오직 절대적, 초자연적 지성에게만 속할 수 있을 보편 개념과 우주적 관점을 인간에게 부여했지요.

만약에 우리가 자신의 정신적 한계를 솔직히 직면한다면 우리의 비관주의조차도 좀 더 겸허하게 받아들일 수 있을지 모릅니다. 현대 과학이 그려낸 우울한 세계관을 인간 관점의 만화경 안에 떠다니는 하나의 형상으로 간주할 수 있을지도 모르지요. 그 형상에 확실하거나 영원한 것이라곤 없으며 오늘날 우리가 아퀴나스, 안셀무스, 스코투스, 아벨라르의 중세 철학을 보고 비웃듯 미래 세대는 우리의 과학을 보고 비웃으리라는 걸 떠올리게 되겠지요. 천문학자들의 이야기를 너무 심각하게 받아들이지 맙시다. 우리의 행성이 어디서 왔으며 어디로 갈 것인지, 언제 시작되었으며 언제 존재하기를 멈출 것인지는 그들도 모르니까요. 사실 그들도 철학자만큼이나 과감한 예측가일 뿐입니다. 지질학자들로 말하자면, 선사 시대 지구를 묘사한 그들의 알록달록한 지도는 순전히 그럴싸한 상상 놀음일 뿐입니다. 사라진 대륙과 바다에 관해 그들이 어떻게 확신할 수 있겠습니까. 어쩌면 화석 지층이 저 어리바리한 암석 해석자들을 놀려주려고 스스로 뒤집어졌던 건지도 모르지요. 인류가 얼마나 오래되었는지, 정말로 '빙하 시대'가 존재했으며 그로 인해 문명이 멸망했던 것인지 그들도 알지 못합니다. 물리학자는 물질이 무엇인지 모르고 생물학자는 생명이 무엇인지 모르며 심리학자도 의식이 무엇인지 모릅니다. 그들의 대담한 독단은 일부분이나 한 측면을 총체로 착각하고 임시로 부각시킨 결과입니다. 그처럼 허황한 가설을 전제로 지나치게 고민해서는 안 됩니다. 그랬다가는 온갖 부조리한 이론을 위해 목숨을 희생한 성인聖人들의 기나긴 명단에 추가될 뿐이겠지요. 우리는 심지어 과학자에 대해서도 회의적일 수 있어야 합니다.

당신의 절망이 기계론 철학에 근거했다는 점은 다소 의아하게 느껴집니다. 스펜서*의 유산인 그 이론은 19세기 중반의 단순함 그 자체이니까요. 현대 비평가와 소설가는 기계론을 당연한 것으로 받아들이지만, 오히려 그 이론을 지키려 투쟁했던 과학자는 이제 그것이 의심스럽다고 말합니다. 그들은 원자와 세포의 복잡함과 의도성 앞에서 혼란에 빠져 발을 빼는 중이지요. 우리 개인에게 불멸의 영혼이 있을 가능성은 거의 없겠지만, 그렇다고 우리가 우리 스스로의 기계성을 기계적으로 한탄하는 기계일 가능성은 더욱더 없어 보입니다. 그런 철학은 자살의 이유가 될 수 없습니다. 오류를 저지르고 갈팡질팡하는 전 세계의 연구실에서 과거의 독단을 싹 쓸어 낼 한바탕 웃음의 이유라면 몰라도요.

우리가 과학에 대해 확신할 수 있는 것이라면 형이상학적 가정이 아니라 물질적 성취입니다. 증기선, 비행기, 공중위생이 시험관 속 거품에서 나온 철학보다는 한층 현실적이지요. 뉴욕으로 가는 야간 비행

---

* 19세기 영국의 철학자. 다윈의 진화론에 큰 영향을 받아 개인 심리에서 인간 사회와 우주 전체에까지 진화 원칙이 적용된다는 사회진화론을 창시했다.

기에 올라 인류라는 기계의 무모한 용기와 힘을 느껴 보세요. 위험과 속도의 짜릿함을 있는 그대로 받아들이고, 과학의 실재성을 찬양하되 거기서 나온 추상적 이론은 일소에 부치세요. 우리 바지 입은 원숭이들이 다양한 발견을 통해 성취할 수 있는 일에 한계란 없어 보입니다. 인간은 분명 언젠가는 별들 사이로 엔진을 발사하고 베텔게우스**로 범죄자를 귀양 보내겠지요. 그런데도 죽기를 고집하겠다면 무언가 위험한 임무를 맡아 인류의 발견에 공헌하는 쪽을 택하십시오. 의학이나 기계 실험에 자원해 당신의 생사에 의미를 부여해도 좋겠지요. 하지만 무얼 하든 간에 철학 때문에 죽지는 마세요.

자살의 이유를 과학이 아닌 산업과 정치에 돌린다면 당신의 목숨을 무한 속으로 쏘아 보낼 더 합당한 근거를 찾을 수 있을지도 모릅니다. 확실히 우리의 경제와 정치는 혼란에 빠져 있으니까요. 이 세상의 노동과 행정을 관리할 더 나은 체계를 만들어 내지 못한다면 다른 인종이나 다른 생물 종에 지구를 넘겨야 할지도 모르지요. 정부라는 것이 형태를 막론하고 귀찮은 존재임은 사실입니다. 인류는 제왕과 귀족

** 오리온자리에서 두 번째로 밝은 적색 초거성.

의 악정으로 불만스러워했듯 현재의 민주주의 체제하에서도 뇌물과 부패에 시달리지요. 게다가 우리는 20세기 소유 경제의 몰락에 분노한 나머지 불손하게도 19세기에 그 체계가 보여 준 역동적 생산성을 잊어버렸습니다. 이전의 어떤 체계도 그만큼 부를 생산하고 안락을 전파한 적이 없는데도 말이지요. 하지만 타락하고 허점 많은 우리의 사회생활을 공허한 낙관주의로 덮지는 않으렵니다. 현 상태를 축소하기보다는 과장하는 편이 낫지요. 우리가 불만족스러운 전망에 슬프고 분노한 나머지 무의미한 절망에 빠져들지만 않는다면 말이지요. 우리의 부를 소수에 집중시키고 디플레이션을 불러온 바로 그 탐욕이 우리 영혼에도 있다는 걸 기억하십시오. 부자와 우리의 동기에 있어 유일한 차이는 대체로 양심이 아니라 기회와 수단이라는 것을 말입니다. 결국 우리는 모두 공범입니다. 서로에 대해 불평하는 것을 그만두고 자기 마음속 악의 뿌리를 뽑아야 할 때입니다.

하지만 우리의 탐욕은 생물학적으로나 역사적으로나 너무도 튼튼하고 깊게 뿌리를 내리고 있어 한 세대, 심지어 한 세기를 들여도 뽑아내기 어려울 것입니다. 우리 선조들은 음식을 찾으면 바로 뱃속에 욱여넣었지요. 언제 다시 음식을 찾아낼 수 있을지 몰랐으니까요. 오늘날 돼지들이 품종을 막론하고 음식을 보면 집어삼키는 것처럼 말이지요. 인간의 탐욕은 이런 원시 시대의 불확실성에서 생겨났습니다. 우리의 악덕이 한때는 생존 투쟁에 꼭 필요한 미덕이었던 것이지요. 이는 우리의 시초에 대한 일종의 기념물이라고도 할 수 있습니다. 우리는 이런 유물을 나름대로 담담하게 받아들여야 하겠지요. 충수 돌기나 잉여 분비선 등의 흔적 기관처럼 말입니다. 인간의 삶이 무척 안락해져 아무도 자기와 피부양자의 식량을 걱정할 필요가 없게 될 때까지 사람들은 계속 탐욕스럽게 물질을 손에 넣고 운 나쁜 시기를 위해 축적하려 할 것입니다. 어쩌면 정부의 복지와 기본 노동 및 소득 보장으로 이런 충동을 제어할 수도 있겠지요. 아니면 인간의 공포가 줄어들 듯 탐욕 자체도 부의 증대와 공급 및 질서의 증대에 따라 서서히 줄어들지도 모릅니다.

하지만 어찌 보면 소유하려는 것은 인간의 자연스러운 본능이기도 합니다. 한 사람이 안락함을 얼마나 확보했는지에 따라 그의 성공 여부를 판단하는 것이나 국가가 그 경제력에 따라서 흥하거나 망하는 것도 마찬가지이지요. 어쨌든 결국 책보다는 빵이 중요하며 예술은 부의 축적 덕분에 가능해진 사치품이니까요. 이 문제를 역사적 맥락에서 본다면 머리를 쥐어뜯거나 뇌가 터지도록 고민할 필요가 없습니다. 대부분의 사람은 우리 시대에 와서야 음식과 옷, 보금자리와 자동차, 학교와 도서관을 갖게 되었으며 방송을 통해 광고와 색소폰 음악을, 스크린을 통해 살인과 간통을 부자들과 마찬가지로 즐길 수 있게 되었으니까요. 심지어 불경기인 지금도 여러 면에서 우리가 젊었던 때보다는 살기 좋아졌다는 것을 인정할 수밖에 없으며, 나아가 우리 아이들을 위해서 지금보다 더 살기 좋은 세상을 만들어야겠다고 결심하게 됩니다.

정말로 진보는 환상일까요? 맞습니다. 그것이 끊임없고 규칙적이며 영구히 지속되는 진보를 얘기하는 거라면요. 우리 역사에서 볼 수 있는 진보는 온갖 장애물에 굴복해야 했고 결코 일관되게 규칙적으로 진행되지 않았습니다(현재 과학과 산업 분야의 진보는 철학과 예술 분야의 진보를 크게 앞서가 있지요). 게다가 아마도 언젠가는 그 성과가 모조리 파괴될 테고요. 하지만 그런 결말 때문에 진보의 실재성을 의문시한다는 것은 '태양은 저녁에 지니까 환상'이라고 말하는 것과 다를 바 없습니다. 먼 훗날 닥쳐올 거라는 진보의 종말도 하나의 가정에 지나지 않으며 이론적인 가능성에 대한 인정일 뿐입니다. 반면 오늘날 지구에 사는 평범한 인간의 물질적, 신체적, 정신적 상태가 ―설사 그리 좋은 상태라고 할 수는 없을지라도― 과거의 어느 때보다도 훌륭하다는 증거는 차고 넘칩니다. 학생들이 우리 시대에 절망하는 것은 그들 주변의 평균적 인간을 과거의 예외적 인간과 비교하기 때문입니다. 그들이 조금만 더 공부하면 아테네인이 전부 천재는 아니었으며 천재도 전부 성인은 아니었음을 깨닫게 될 겁니다. 플라톤과 아리스티데스 뒤에는 부패한 민주주의, 억압된 여성들, 미신에 사로잡힌 대중, 잔혹한 폭도들이 존재했다는 것을 말이지요.

국가는 있다가도 없고 없다가도 있으며 문명도 대부분 사라져 버립니다. 하지만 그처럼 '죽은' 문명도 방대한 흔적을 남겼기 때문에, 우리 정신에 남은 그리스 문명의 파편을 습득하는 데 평생을 바친다고 해도 그 전부를 망라할 수는 없을 정도지요. 에우리피데스와 아리스토텔레스는 죽지 않았습니다. 공자와 루크레티우스는 우리 동시대인이나 마찬가지지요. 심지어 함무라비와 프타호텝*도 4천 년의 세월을 넘나들며 우리와 지적 대화를 나눌 수 있습니다. 게다가 이처럼 드높은 지식, 도덕, 예술의 문화유산을 보존하고 전달하는 기술은 오늘날 과거의 어느 시대보다도 뛰어나게 발달했습니다.

우리 문명의 가장 울적한 광경은 가난이 아니라 인류 전체에 뚜렷이 나타나는 도덕적 퇴보입니다. 이런 문제는 판단하기 어려운데, 한 개인의 경험이 매우 빈약하기 때문이기도 하며 우리가 과거의 잣대로 오늘날의 세태를 재려 들기 때문이기도 합니다. 그런 잣대가 농경 시대에 만들어진 것이며 산업 도시 시대에는 전혀 적합하지 않다는 것을 우리는 잊곤 합니다. 서른까지 결혼을 미루고 도시에서 무수한 접촉, 기회, 자극을 주고받으며 살아가는 이들에게 시골 공동체에서의 도덕을 기대한다는 건 말도 안 되

* 고대 이집트의 제사장으로 『현자 프타호텝의 교훈』으로 일컬어지는 파피루스 기록을 남겼다.

지요. 시대가 다르면 도덕도 달라집니다. 나는 사람들을 지켜보면 볼수록 그들에게 너그러워지는 것을 느낍니다. 그들은 사실 신문이나 영화에서 묘사되는 것의 절반만큼도 악하지 않거든요. 사람들은 대체로 무던히 성실하므로 복혼複婚과 사냥의 원시적 충동을 대리 만족하고 싶어 하며, 그래서 언론과 영화가 난잡함과 범죄의 악취를 풍기게 되는 것입니다.

그럼에도 현대인에게서는 미묘한 퇴보, 도덕 원칙보다는 인성 자체의 퇴보가 나타나는 것처럼 보입니다. 입법자들의 지혜 덕분에 이제 지성인들은 피임을 하게 되었지만 무지한 자들은 여전히 자손 생산을 요구받습니다. 그 결과 교육받은(빈부를 떠나서) 소수는 차세대에서 더욱 소수가 되며 교육받지 않은 다수는 더욱 많은 다수를 차지하게 됩니다. 세대가 바뀔 때마다 교육을 통해 우리 사회에 기여할 지성인이 탄생하지만, 우리 법률의 열생학적 효과로 그들은 다시 도태되지요. 교육은 좌절되고 미신이, 볼테르가 박살을 냈다고 자처했던 비천함이 변함없이 번성합니다. 진보를 창출하고 유지하는 과업은 인류 중에서도 위태롭고 불모 상태인 소수의 손에 남겨지고요. 이 같은 군중의 무절제한 재생산이야말로 우리 정치가 부패한 이유이자 지방 자치라는 '기계'에 공급되는 원자재입니다. 민주주의가 파멸하는 것은 '언제나 다수의 바보들이 존재하기 때문'입니다.

독립심과 근성이 투철했던 옛날의 '양키'들이 사라지고 사상이나 용기가 한층 떨어지는 새로운 인간형이 그 자리를 차지하는 것은 아마도 이런 과정에 따른 결과겠지요. 개인의 자유를 중시하는 우리의 관습은 영화감독과 연극 연출가들에게 포르노를 전시하고 청소년의 성적 발달을 무모하게 부추기는 것으로 돈을 벌 자유를 주었습니다. 때 이르게 성숙한 욕구는 그런 기계적 편의시설이 주는 기회를 방출구로 삼았으며 우리 도시의 사람들은 최악의 경우 범죄에, 가장 나은 경우라 해도 섹스에 탐닉하게 되었습니다. 그 가장 나은 경우의 결과물이란 고난이나 위험의 낌새만 보여도 꽁무니를 빼고 달아날 무감각하고 냉소적인 쾌락주의자들이지요. 이런 국민들로는 국가가 위대해질 수 없습니다. 오늘날 우리는 청교도들을 비웃습니다만 위기가 닥쳤을 때 필요하게 될 것은 —어쩌면 지금 필요한 것은— 바로 청교도의 미덕입니다. 청교도의 준엄한 자기절제, 참고 견디는 금욕적 능력이야말로 근대 역사의 거의 모든 강인한 인물을 탄생시킨 힘이었으니까요.

현대의 유쾌한 성 혁명은 개인에게는 매우 즐거운 것이겠지만 인류 전체에는 그만큼 해로우며, 초자연적 존재에 대한 믿음의 퇴락과 밀접하게 관련되어 있습니다. 지금 우리는 한때 천상에 달려 있던 모든 윤리적 원조를 박탈당한 채 오직 지상에 의존한 도덕률로 사회 질서와 인류의 활력을 유지할 수 있을지 여부가 걸린 거대한 실험에 처해 있는 것입니다. 그런 실험은 일찍이 아테네에서 실패했으며 르네상스 시대 이탈리아에서도 실패했습니다. 개인의 해방은 인류 전체에 있어서는 위험한 것처럼 보입니다. 환상이 파괴되면 인간은 번식을 멈추리니. 이런 과정은 이미 미국의 문학, 도덕, 지역 정치를 대표하는 집단을 잠식했으며 아마도 계속 진행되어 서유럽과 미 대륙의 전 인구를 약화시키겠지요. 그 과도기에는 십중팔구 메디치와 보르자 가문이 다스리던 피렌체와 로마에서와 같은 문화적 폭발이 일어날 테고요. 결국 서구는 사화산이 될 것이고, 아시아가 다시금 세상의 중심을 차지할 것입니다. 그들도 과도한 지성의 결과로 파멸할 때까지는 말이지요.

19세기적 논리

내가 당신의 논리 중 상당 부분을 인정한다는 걸 알겠지요. 인생은 지구에 묶인 한 개인을 벗어나면 의미랄 게 없고, 개인은 불멸할 수 없으며, 모든 문명은 모든 꽃처럼 반드시 시들기 마련이라는 걸. 이런 결론은 내겐 이제 너무도 자연스러운 것이어서 더 이상 괴롭게 느껴지지도 않습니다. 그런 한계 내에서도 내 인생과 인류의 존재 의미를, 심지어 어느 정도의 만족감까지 발견할 여지는 충분히 있으니까요. 젊은 이들의 바이런적 허세 ―산타클로스가 없다니 죽고 싶다는 식의― 는 인생의 현실에 휩쓸려 실제로 행동하다 보면 스러지게 마련입니다. 허황한 꿈 때문에 슬퍼할 시간은 점점 줄어들고, 그러다 보면 어느새 우리 아이들은 우리가 그토록 그리워했던 옛 신화에 무관심하다는 걸 깨닫게 되죠. 그 애들은 애초에 그런 걸 믿지도 않았으니까요.

그렇다면 삶의 의미는 분명 삶 자체에 있을 것입니

다. 개인의 죽음이나 심지어 국가의 퇴락과도 무관하게 말이지요. 삶의 본능적인 갈망과 자연스러운 성취에서 그 의미를 발견해야 합니다. 예를 들어 우리는 왜 생명과 건강에서 거창한 의미를 찾으려는 것일까요? 그것들은 설사 인류의 대의에 기여하지 못한다 해도 그 자체로 소중한 재산입니다. 당신이 불치병에 걸렸다면 나는 종부성사를 마련하고 당신의 눈을 감겨 줄 것입니다. 그러나 당신이 건강하여 제발로 설 수 있고 음식을 넘길 수 있다면 엄살은 그만두고 태양을 향해 감사의 말을 외쳐야 마땅하지요.

그렇다면 삶의 가장 말초적인 의미는 기쁨이겠지요. 경험 자체의 유쾌함, 건강한 신체가 주는 환희, 근육과 감각과 혀와 귀와 눈의 순수한 만족감. 만약 어린이가 어른보다 더 행복하다면 어린이는 정신보다 몸을 우선시하며 자연이 철학보다 먼저라는 사실을 이해하기 때문일 것입니다. 어린이는 팔다리에서 왕성하게 휘두르는 것 외의 의미를 찾고자 하지 않지요. 아마 우리도 팔다리를 좀 더 쓴다면 행복해질 겁니다. 신이 조지 배빗*을 위해 발명한 운동이라는 골프조차도 1킬로미터 더 걷고 공 하나를 더 잃어버릴 때

* 싱클레어 루이스의 소설 『배빗』의 주인공. 속물적인 사업가의 전형을 가리킨다.

마다 그 존재가 정당화되지요.

설사 삶의 의미가 일순간 스쳐 가는 아름다움 그 이상이 될 수 없다 해도(뭐가 더 있긴 한지 의문스럽지만요), 그걸로 족합니다. 빗물 속에서 첨벙대거나 바람과 싸우며 나아가는 시간, 햇빛을 받으며 눈길을 산책하는 시간, 어둠 속으로 스러져 가는 저녁노을을 지켜보는 시간만으로도 삶을 사랑할 이유는 차고 넘칩니다. 죽음더러 와 보라고 하세요. 그동안에 나는 사우스다코타의 자줏빛 언덕을, 저녁 하늘에 조용히 자리를 잡고 반짝이는 별빛을 보았으니까요. 자연은 나를 파괴하겠지만 충분히 그럴 권리가 있습니다. 자연이 나를 만들고 내 감각을 수천 가지 기쁨으로 타오르게 했으니까요. 자연이 내게서 빼앗아 갈 것은 모두 자연이 내게 준 것이지요. 내게 오감을 준 것에 대해, 이 손가락과 입술, 눈과 귀, 쉼 없는 혀와 커다란 코에 대해 내가 어찌 충분히 감사하지 않을 수 있을까요?

사랑

사랑에 대해서도 마땅히 감사해야 합니다. 사랑의 정신적 진화를 무시하는 건 사랑의 생리적 기반을 망각하는 것만큼이나 비현실적인 행동이지요. 그렇습니다. 사랑이란 최저 단계에서는 수압 조절과 화학적 자극의 문제가 됩니다. 하지만 최고 단계에서는 이따금 헌신과 기사도의 서사시가 되기도 합니다. 서로의 충동을 초월하여 서로를 배려하게 되는 것입니다. 낭만적 연애를 이야기하는 게 아닙니다. 욕망의 좌절에 따른 대상의 이상화는 이제 사라져 가는 현상이지요. 욕망은 예전보다 한층 쉽게 충족시킬 수 있게 되었으니까요. 내가 말하는 건 친구나 동료 간의 애착, 손을 맞잡고 수많은 지옥과 몇몇 연옥과 한두 번의 천국을 지나왔으며 인생이라는 불꽃에 녹아서 하나로 융합된 관계를 가리키는 것입니다. 그런 친구나 동료도 종종 서로 다투고 신경을 긁기도 한다는 건 알지요. 하지만 내게 관심을 갖고 의지하며 나를 높게 평가하고 기차역으로 나를 마중 나오는 사람이 있다는 것, 그런 존재에 대한 무의식적인 의식만으로도 충분한 보상이 됩니다. 고독은 전쟁보다도 더 끔찍하니까요.

내 생각에 비관주의자는 대부분 독신일 겁니다. 결혼하면 우울할 시간이 없거든요. 내가 말하는 비관주의자란 인생의 해악과 고난을 현실적으로 인지하는 사람이 아닙니다. 그런 고난을 침착하게 대면할 수 없고 자신의 나약함 때문에 인생 전체가 무의미한 속임수일 뿐이라고 섣불리 결론 내리는 사람이지요. 어쩌면 그런 비관주의의 상당 부분은 자신을 하나의 개인, 완전하고 분리된 독립체로 여기는 데서 나오지 않나 싶습니다. 내가 본 바에 따르면 총체의 일부로 서로 협조하는 사람들은 좀처럼 낙심하지 않습니다. 주차장에서 친구들과 공놀이나 하며 빈둥대는 소위 '촌뜨기'들이 외톨이 사상가들보다는 훨씬 행복하지요. 인생이라는 게임에서 한 발 물러난 채 고립 속에서 퇴화해 가는 사람들 말입니다. 괴테는 이렇게 말했지요. "총체가 되거나 총체에 참여하라" 우리 자신을 살아 있는(단순히 이론적인 차원을 넘어서) 집단의 일부로 여긴다면 우리의 삶은 한층 충만해지고 어쩌면 더욱더 의미심장해질 겁니다. 인간이 삶의 의미를 찾으려면 자아보다 더 크고 수명보다 오래가는 목적을 가져야 합니다.

이 장의 서두에 이야기했듯 한 존재는 그를 포함하는 더 큰 총체와의 관계에서만 의미를 지닐 수 있습니다. 그렇다면 우리가 모든 삶에 일관된 형이상학적, 보편적 의미를 부여할 수는 없어도 특정한 삶의 의미를 그보다 큰 존재와의 관계 속에서 찾아낼 수는 있겠지요. 결혼하여 부모가 되는 것의 위대한 충만함 —자식 없이 금욕하며 사는 것에 비해서— 은 바로 여기에 있습니다. 인간은 한 실체의 일부가 되어 물질적, 정신적으로 기여할 때 더욱 큰 존재감을 느끼지요. 자신이 집단에 소속되기에는 너무 우월하다고, 결혼하거나 아이를 갖기에는 너무 똑똑하다고 생각하는 사람은 인생을 공허하게 느끼며 인생에 과연 의미가 있는지 의심하게 됩니다. 하지만 자식을 둔 부모에게 "삶의 의미가 무엇일까요?" 하고 묻는다면 그들은 한마디로 대답할 것입니다. "가족을 먹여 살리는 거지요" 양성 간의 이끌림은 생물학적 작용만을 놓고 본다면 환상이요 덧없는 욕구일 수 있지만, 이젠 성취감에 이르는 길이자 생명의 연속성에 기꺼이 항복하는 겸허함을 의미하게 됩니다.

모건타운에서 피츠버그까지 가는 이 기차 안에는 함박웃음을 띠고 자기 아이와 놀아 주는 여자가 있습니다. 아, 도시의 불행한 지성인들이여! 당신네가 저 여성보다 심오하다고 생각합니까? 총체의 일부에 지나지 않으면서 다른 일부를 이해해 보겠다고 헛되이 애쓰는 소피스트 과학자여, 저 여성이 당신보다 더욱 위대한 철학자라는 사실을 모르겠습니까? 그는 부분으로서의 자신을 잊고 총체 속에서 자신의 자리를 찾아낸 것입니다.

개인적 고백

그러니 나로서는 삶의 의미와 만족에 이르는 길을 이렇게 얘기할 수밖에 없습니다. 총체에 참여하십시오. 몸과 마음을 바쳐 헌신하십시오. 삶의 의미는 우리가 보다 더 큰 존재를 위해 생산하고 기여할 수 있도록 부여받은 기회 속에 있습니다. 그것이 꼭 가족일 필요는 없습니다—가족은 말하자면 자연이 특유의 눈먼 지혜로써 가장 소박한 이에게도 마련해 준 가장 곧고 넓은 길이지요. 개인의 잠재된 존엄성을 이끌어 내고 그가 죽은 뒤에도 사라지지 않을 대의를 부여해 주는 것이라면 어떤 총체든 상관없습니다. 그것은 성별을 떠나서 누구나 헌신할 수 있는 혁명적인 집단일 수도 있습니다. 페리클레스나 악바르 대제*만큼 뛰어난 인물이 자신의 천재성과 목숨을 바쳐서 지키고 번영시키려 하는 위대한 국가일 수도 있고요. 때로는 창작자가 영혼을 불어넣어 이후 여러 세대에 선사하는 아름다운 걸작일 수도 있겠지요. 하지만 삶의 의미를 찾아내려면 그것은 개인이 자신을 초월하여 더욱 큰 설계의 조화로운 일부가 될 수 있는 존재여야 합니다. 삶의 의미와 만족을 찾는 비결은 한 사람의 모든 에너지를 필요로 하며 그 대가로 그의 삶을 한층 충만하게 만들어 주는 과업의 발견입니다.

나로 말하자면 —다른 여러 사람에게 제시했던 질문에 나 역시도 직접 대답해 보고 싶거든요— 삶의 의미를 내 가족과 내 저술이라는 다소 협소한 범위에서 찾는 듯합니다. 더욱 거창한 대의에 공헌한다고 자랑할 수 있다면 좋겠지만 말이지요. 내 활력은 자기중심주의와 이기적 이타주의에서 비롯됩니다. 갈채를 받고 싶은 욕망, 내게 의존하는 사람들을 위한 열성적 헌

---

* 인도 역사상 가장 강력했던 무굴 제국의 황제.

신이지요.

내 노력의 목적과 원동력은 무엇이냐고요? 주위 사람들이 행복해하는 것을 보고 궁극적으로는 나보다 뛰어난 이들에게 인정받는 것입니다. 내 행복의 근거는? 내 집과 책들, 내 잉크와 펜이지요. 나 자신이 행복하다고 말할 수는 없습니다. 지금처럼 주변에 가난과 고통이 활개 치는 상황에서는 그 누구도 충분히 행복할 수 없지요. 하지만 나는 적어도 삶에 만족하며 형언할 수 없을 만큼 감사하고 있습니다. 내게 가장 소중한 궁극적 가치는? 이 세상 모든 것입니다. 인간은 최대한 많은 쇠를 달구어 두어야 하거든요. 행복을 온전히 한 가지 근거에 —내 아이들, 명성, 인기, 심지어 건강에도— 의지해서는 절대 안 되며, 반면 그 중 어느 하나에서라도 충분한 만족감을 찾아낼 수 있어야 하지요. 설사 다른 모든 근거를 잃는다 해도 말입니다. 아마도 나의 궁극적 가치는 자연이라고 말해야겠군요. 내게 주어진 다른 모든 재능과 물질이 사라진다고 해도 들판과 하늘만 있다면 나는 계속 살아갈 용기를 얻을 수 있을 테니까요(적어도 그러길 바라니까요). 만약 시력마저 잃게 된다면 나는 감미로운 소리의 집합에서, 혹은 행복했던 어느 하루에 대한 시인의 회상에서 살아갈 용기를 구하겠지요. 경험이란 그 어떤 감각도 살아가기에 충분한 영양분을 취할 수 있는 놀랍도록 풍부한 파노라마니까요.

이제 가장 대답하기 어려운 질문에 이르렀군요. 종교는 나에게 어떤 도움을 주는가? 이 질문을 적으면서 흔들리는 창문 밖을 내다봅니다. 아래편 계곡의 교회를 둘러싸고 옹기종기 들어선 작은 마을이 눈에 들어오는군요. 저 흰 첨탑 아래서 어떤 어이없는 신학적 헛소리가 전파되고 있을지, 어떤 편견과 파벌주의가 자라나고 있을지 충분히 상상이 됩니다. 저 순박한 농부들은 덧없는 진실로부터 자기네를 지켜주는 신앙을 온갖 공포와 증오로 수호하려 들겠지요. 하지만 나는 그들에게 마음이 쓰입니다. 나로서는 항상 부적절한 타이밍에 옳은 말을 하려 드는 마을의 무신론자보다 그들이 더 좋습니다. 저런 사람들의 신앙을 파괴하겠다고 덤벼 드는 것은 무정하고 옹졸한 마음의 증거임이 분명합니다.

그럼에도 나는 생물학 앞에서 개별 자아의 영원성을 믿을 수는 없습니다. 역사학 앞에서 의인화되고 인격을 지닌 신을 믿을 수도 없지요. 그렇지만 나는 나보다 한층 더 굳센 동시대인들과 달리 그런 믿음에서 얻던 위안을 그리워하며, 내 청춘을 감싸 주던 믿음의 시적인 감흥도 좀처럼 잊지 못합니다. 애초에 절대적 존재가 인간을 닮아야 한다는 생각이 우스꽝스럽긴 하지요. 설사 레오나르도 다빈치나 괴테처럼 뛰어난 인간이라 해도 말입니다. 하지만 누구든 나를 설득해 그런 유쾌한 부조리를 믿게 할 수 있다면 나는 정말로 감사할 겁니다. 개인의 불멸에 대한 욕망이란 이기적인 데가 있지요. 영원히 존재하는 자아들로 포화된 천국은 견디기 괴로운 장소일 테고요. 그래도 나 역시 결국엔 세상을 떠나면 아쉬울 것이며 내 아이들과 친구들, 내가 기여하고자 한 대의가 나의 죽음 뒤에 어떤 운명을 맞게 될지 궁금해하겠지요.

그러나 예전의 신앙이 나를 떠나갔고 이젠 어떤 정신적 위로도 주지 않는다 해도, 내 마음속에는 아직도 그 추억의 향기가 남아 있습니다. 꽃을 치운 후에도 그 잔향이 한동안 방 안에 떠돌듯이 말이지요. 이처럼 옛 신앙의 여운이 남아 있기에 나는 우리 세대의 대부분을 만족시켰던 조야한 기계론을 받아들이지 못하고, 지금도 여전히 중세의 신앙에서 상징적 깊이를 발견하며 기뻐합니다. 어쩌면 계속 내 마음속에서 아우성치던 신앙이 종국에는 나의 회의를 깨뜨릴지도 모르고, 그러면 나는 위스망스와 체스터턴이 갔던 길을 따르게 되겠지요. 내가 늙은 뒤에 쓴 글을 읽을 때면 독자들은 주의를 기울여야 할 겁니다.

지금 내게 불멸의 의미는 우리 모두가 총체의 일부, 생명이라는 몸을 이루는 세포라는 점입니다. 일부의 죽음이 총체에 새로운 생명을 주며, 개체로서의 우리가 사라진다 해도 총체는 우리의 존재와 기여로 영구적 변화를 겪는 것이지요. 내게 신이란 제1원인* 혹은 우리가 살고 움직이고 존재하게 만드는 모든 생명과 동력의 원천입니다. 또한 목적인**이고 우리 분투와 열망의 목표이자 실현이며, 현존하지 않지만 언젠가는 존재할지 모를 아득한 완벽성이기도 하지요. 어쩌면 완전한 일체, 모든 시대에 걸쳐 가장 위대한 이들이 헌신했던 그 존재가 미래의 종교에서는 신

---

* 아리스토텔레스 철학에서 스스로는 움직이지 않으면서 다른 것을 움직이는 궁극 원인을 말한다.

** 아리스토텔레스 철학에서 운동의 4원인 중 하나. 목적이 있으면 이를 실현하기 위해 운동이 발생하므로 목적을 운동의 이유로 본 것이다.

이라 불릴지도 모릅니다.

초대장

하지만 내가 너무 내 얘기만 늘어놓느라 당신을 잊어버리고 있었군요. 내 이름 모를 절망의 병사, 자살을 생각하는 당신을 말입니다. 당신도 알게 되겠지만, 당신에게 필요한 것은 철학이 아니라 배우자와 아이 그리고 근면한 노동입니다. 볼테르는 이렇게 말했습니다. “난 이미 몇 번이나 자살했을지도 모른다. 지금 당장 해야 할 일이 이렇게 많지만 않았다면” 절망은 그럴 여유가 있는 사람들만의 것이라는 또 다른 사례지요. 이 혼란스러운 산업화 체계 속에서 일자리를 찾아낼 수 없다면 나가서 가장 먼저 만나는 농부에게 당신을 일손으로 쓰고 더 나은 시기가 올 때까지 음식과 잠자리를 달라고 청하십시오. 그 역시 과잉생산이라는 경악스러운 질병에 시달리는 상황이라면 오직 당신이 소비할 수 있는 만큼만 생산하겠다는 데 동의하세요. 아마도 우리 모두가 스스로 생산하는 만큼만 소비하도록 허용될 때 ‘과잉생산’ 문제는 사라지게 될 겁니다.

결국 이 모든 조언이 얼마나 헛되고 속물적인 것인지 나 역시 잘 압니다. 한 인간이 다른 인간을 이해한다는 것이 얼마나 어려운 일인지도요. 하지만 오셔서 나와 한 시간만 함께해 주십시오. 그러면 당신에게 숲으로 난 오솔길을 보여 드리겠습니다. 내가 가진 책 속의 모든 논쟁보다도 그쪽이 당신을 만류하는 데 더욱 효과적일 테니까요. 오셔서 내가 얼마나 어수룩한 낙관주의자인지 말해 주십시오. 내 논리를 실컷 공격하고 이 중간계를 마음껏 저주하십시오. 나는 당신이 말하는 모든 것에 동의하겠습니다(당신의 결론만 제외하고요). 그러고 나면 우리 함께 평화의 빵을 나누어 먹읍시다. 아이들이 재잘대는 소리 속에 우리의 젊음을 되살리면서 말입니다.

옮긴이의 말

삶의 의미는 무엇인가, 좀 더 단순하게 말해 '왜 사냐'고 묻는다면 바로 대답할 수 있는 사람이 얼마나 될까? 출퇴근길에 혼잣말로, 술자리에서 서로에게, 책장을 넘기다 문득 저자에게 평생 수없이 듣고 또 말하기도 한 질문일 텐데 말이다. 20세기 미국을 대표하는 철학자로 손꼽히는 윌 듀런트는 이 책에서 독특한 시도를 한다. 당대의 유명 인사들에게 편지를 보내 삶의 의미가 무엇인지 의견을 구한 것이다.

우리에게 『철학 이야기』, 『문명 이야기』의 저자로 잘 알려진 듀런트는 가톨릭 신자로 태어나 신학대학원에 들어갔지만 사회주의와 신앙을 조화시킬 수 없음을 깨닫고 성직자의 길을 포기한 이력이 있다. 그가 이 책을 쓰고 출간한 1920-1930년대에 서구 세계는 큰 충격의 여파에 시달리고 있었다. 수십 년간의 평화(적어도 유럽 대륙에서는) 이후 발발한 제1차 세계대전의 잔혹함, 그에 이어진 경제 대공황은 서구인들을 트라우마에 빠뜨렸다. 19세기까지만 해도 굳건한 영향력을 행사했던 종교가 큰 타격을 입은 반면 이전 세기에 등장했던 기계론과 다위니즘은 대중에게도 더 이상 이단적 사상이 아닌 사회의 기본 원리로 받아들여지게 되었다. 급격한 사회 변화 속에서 자살을 기도하는 사람들도 급격히 늘어났고, 듀런트는 그들에게서 그 자신의 정신적 회의를 보며 연민과 공감을 느낀다. 그리하여 그의 사고를 씨앗으로 삼고 다양한 이들의 견해로 거름을 준 이 책이 탄생한다.

1부에서 듀런트는 '생각'의 전문가답게 우선 비관적인 방향으로 최대한 사고를 확장하고, 삶에 회의를 느낄 수밖에 없는 이유를 다각도로 서술한다. 2부에서는 간디에서 버트런드 러셀, 앙드레 모루아까지 다양한 인물의 답장이 소개되는데, 지금까지도 명성을 날리는 이들보다 우리에게는 잊히거나 생소해진 이들의 답변이 더욱 충실하다는 점이 흥미롭다. 3부는 1부에서의 비관적 사고실험에 대한 듀런트 자신의 답장으로, 자살자의 논리 대부분에 공감하되 '그럼에도 불구하고' 삶이 가질 수 있는 의미를 찾아내 제시하려는 자세에 감동할 수밖에 없다.

게다가 이 책 자체가 얼마나 대담한 기획인가! 편집자의 말처럼 “시인, 철학자, 성인, 죄수, 운동선수, 노벨상 수상자, 대학 교수, 심리학자, 연예인, 음악가, 작가, 지도자까지 아우르는 집단이 이처럼 심오한 질문에 일제히 견해를 제시한 것은 이전에도 이후에도 없었던 일이다. (……) 그가 꾸린 드림 팀에서 (설사 듀런트 본인은 아니라 해도) 적어도 한 사람은 여러분의 삶에 도움이 될 무언가를 건넬 수 있을 것이다.” 설사 듀런트의 철학과 논리에 시큰둥한 사람이라 해도, 예를 들어 헬렌 윌스의 (젊은이만이 쓸 수 있을) 솔직하고 열정적인 편지에는 마음이 움직이지 않을 수 없을 것이다.

물론 이 책에도 시대적 한계는 존재한다. 여성과 비서구인에 대한 미묘하게 시혜적인 시각, 피임과 산아 제한을 부정적으로 보는 등 여전히 남아 있는 종교의 영향이다. 더구나 ‘인류 전반의 퇴보’와 ‘총체에 대한 헌신’을 언급한 것은 얼마 후 도래할 전체주의의 역사를 알고 있는 우리에게 한층 불길한 뉘앙스를 느끼게 한다. ‘그럼에도 불구하고’ 세계적 대변동 가운데서 삶의 의미를 고민한 이 지성인의 시각은 시공간을 뛰어넘어 큰 여운을 남긴다. 근래의 가벼운 '힐링' 서적들에 아쉬움을 느끼는 독자라면 한번 듀런트의 치열한 사고 궤적을 따라가 보기를 권하고 싶다.

2020년 1월
신소희

내가 왜 계속 살아야 합니까
: 퓰리처상 수상 작가가 묻고 세계의 지성 100인이 답하다

2020년 1월 14일 초판 1쇄 발행
2023년 2월 14일 초판 6쇄 발행

지은이
윌 듀런트

옮긴이
신소희

펴낸이
조성웅

펴낸곳
도서출판 유유

등록
제406-2010-000032호(2010년 4월 2일)

주소
서울시 마포구 동교로15길 30, 3층 (우편번호 04003)

전화
02-3144-6869

팩스
0303-3444-4645

홈페이지
uupress.co.kr

전자우편
uupress@gmail.com

페이스북
facebook.com
/uupress

트위터
twitter.com
/uu_press

인스타그램
instagram.com
/uupress

편집
사공영, 김은경

디자인
이기준

마케팅
황효선

제작
제이오

인쇄
(주)민언프린텍

제책
(주)정문바인텍

물류
책과일터

ISBN 979-11-89683-28-3 03100

동양고전강의 시리즈

순자를 읽다

유가를 중국 사상의 주류로 만든 순자를 공부하는 첫걸음

양자오 지음, 김택규 옮김

200년간 지속된 전국시대 후기, 진나라의 통일이 가까워 오던 시대에 본분과 실용을 중시한 순자는 유가를 시대에 맞는 맥락으로 유연하게 변모시켜 급변하는 사회에서도 살아남을 수 있는 튼튼한 체질로 만들었다. 자신과 다른 시각을 가진 유가 내 다른 문파를 신랄히 공격하기도 했고, 무엇보다 예와 법의 절대적 구분을 제거하고 유가와 법가 사이의 차이도 제거했다. 하지만 당시 공자와 맹자의 사상이 법가와 혼동되는 것은 절대 금물이었고, 때문에 순자는 당시에는 영향력을 발휘했지만 후대 유가 전통에서는 제대로 인정받지 못했다. 이 책은 순자가 어떤 시대, 어떤 환경에서 어떤 문제에 부딪혀 자신의 사상을 발전시켰는지를 일러 줌으로써 순자 사상의 진정한 가치를 배우게 하고 순자에게 공정한 평가를 돌려준다.

전국책을 읽다

국경과 계급을 초월한 모략서를 공부하는 첫걸음

양자오 지음, 김택규 옮김

『전국책』은 중국 한나라의 학자 유향이 황실 서고에서 발견한 여러 권의 책을 나라별로 묶고 연대순으로 정리해 엮어 낸 책이다. 기원전 403년부터 진나라가 중국을 통일한 기원전 221년까지 이어졌던 전국시대에 종횡가 책사들이 제후에게 논한 책략이 기록되어 있다. 양자오의 『전국책을 읽다』는 국내 최초로 『전국책』을 해설해 교양서 수준으로 풀어낸 책으로, 각 사건이 일어난 역사적 맥락과 시대 상황에 대한 설명, 당시 책사들이 펼친 모략의 가치까지 세세하게 설명하고 있다.

시경을 읽다

고대 중국 문인의 공통핵심교양이 된 3천 년의 민가

양자오 지음, 김택규 옮김

2만 자가 넘는 3천 년의 민가 시경이 어떤 역사적 배경에 의해 주나라의 경전이 되었는지를 밝히고, 어떻게 읽어야 제대로 읽을 수 있는지 알려 준다. 당시 사람들은 어떤 경우에 노래를 불렀을까? 노래에 표현된 정서와 내용은 무엇일까? 그들에게 노래에 담기에 적절한 감정과 사건은 어떤 것이었을까? 양자오는 우리가 '경'이라는 제한에 갇히지 않고 마음껏 상상력을 발휘하며 그 시대로 돌아가 『시경』의 작품을 즐기며 읽을 수 있도록 친절하게 안내한다.

상서를 읽다

주나라 정치철학을 담은 귀족 교육의 핵심 커리큘럼

양자오 지음, 김택규 옮김

『시경』·『예기』·『춘추』·『주역』과 함께 오경으로 꼽히는 고전 『상서』는 중국 고대 국가의 조정 문서이다. 주나라를 핵심으로 그 이전 요·순·하·상 나라 각국의 중대한 사건과 그 사건에 대한 선현의 검토와 교훈이 담겨 있으며, 그래서 중국 정치의 규범서로 인정받아 『시경』과 함께 서주(西周) 귀족 교육의 핵심 교재로 쓰였다. 이 책에서 양자오 선생은 '시간적으로 더 오래된 인물, 사전, 사상일수록 더 나중에 창조되었을 가능성이 크다'는 생각으로 상서를 역순으로 읽어 나가며 그 형성 과정과 내용을 올곧게 이해하는 방법을 일러준다.

좌전을 읽다

중국 지식인이 읽고 배워야 했던 2천 년의 문장 교본

양자오 지음, 김택규 옮김

우리가 흔히 『좌전』이라 일컫는 『춘추좌씨전』은 역사 기록인 『춘추경』, 즉 『춘추』를 설명한 전서(傳書)이다. '전'이란 '경'에 딸려 성립된, '경'을 설명한 저작을 가리키기에, 경이 있어야 전도 있을 수 있고 대부분의 전은 정확히 경의 문구에 대응해 설명을 진행한다. 하지만 『좌전』만은 경문에 정확히 대응하기보다는 경에 기록되지 않은 실제 사건의 배경을 분명하고 완전하게 담고 있다 이외 여러 가지 이유로 2천 년 넘게 중국 지식인이 반드시 읽고 배워야 할 문장 교본으로 쓰였다. 이 책에서 양자오는 『춘추』 경문과 『좌전』 전문을 비교 대조하면서 『좌전』의 가치를 명확히 짚고 책에 실린 역사적 사건에 대해서도 면밀히 설명한다.

북학의를 읽다

조선의 이용후생 사상과 박제가를 공부하는 첫걸음

설흔 지음

고전 마니아이자, 흥미로운 소설 형식으로 고전을 소개해 온 저자 설흔이 한국 고전 『북학의』 정독에 필요한 역사적 맥락과 기초 개념을 정리했다. 『북학의』에는 "쓰임을 편리하게 하고 삶을 두터이 하는 이용후생(利用厚生) 사상과 당시 조선의 북쪽이었던 청나라의 좋은 물건, 뛰어난 기술과 제도를 배우자는 과감한 개혁안이 담겨 있다. 저자는 박제가라는 인물, 박제가에게 영향을 미친 사상과 사상가들, 조선 후기의 시대 상황을 설명하면서 당시로서는 파격적인 개혁안이 어떤 배경에서 나왔는지 이야기한다.

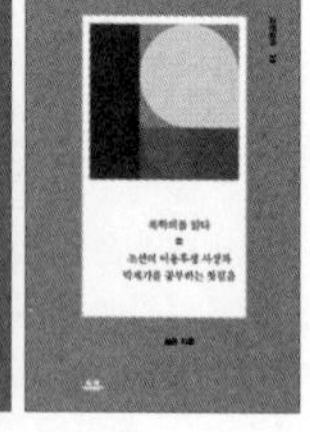

서양고전강의 시리즈

종의 기원을 읽다

고전을 원전으로 읽기 위한 첫걸음

양자오 지음, 류방승 옮김

고전 원전 독해를 위한 기초체력을 키워 주는 서양고전강의 시리즈 첫 책. 인간과 자연의 관계를 변화시킨 『종의 기원』에 대한 새로운 해설서다. 저자는 섣불리 책을 정의하거나 설명하지 않고 책의 역사적, 지성사적 맥락을 흥미롭게 들려줌으로써 독자들을 고전으로 이끄는 연결고리가 된다.

꿈의 해석을 읽다

프로이트를 읽기 위한 첫걸음

양자오 지음, 문현선 옮김

인간과 인간 자아의 관계를 바꾼 『꿈의 해석』에 관한 교양서. 19세기 말 유럽의 독특한 분위기, 억압과 퇴폐가 어우러지며 낭만주의가 극에 달했던 그 시기를 프로이트를 설명하는 배경으로 삼는다. 또한 프로이트가 주장한 욕망과 광기 등이 이후 전 세계 문화와 예술에 미친 영향을 들여다보며 현재의 우리에게는 어떤 의미인지 점검한다.

자본론을 읽다

마르크스와 자본을 공부하는 이유

양자오 지음, 김태성 옮김

마르크스 경제학과 철학의 탄생, 진행 과정과 결과에 이르기까지 역사의 맥락과 기초 개념을 짚어 가며 『자본론』의 핵심 내용을 간결하고 정확한 시각으로 해설한 책. 타이완에서 자란 교양인이 동서양의 시대 상황과 지적 배경을 살펴 가면서 썼기에 비슷한 역사 경험을 가진 한국인의 피부에 와 닿는 내용이 가득하다.

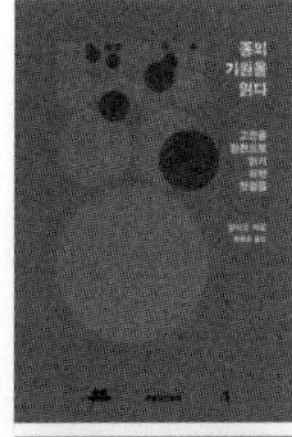

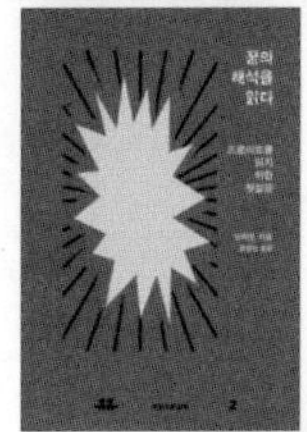

성서를 읽다

역사학자가 구약성서를 공부하는 법

박상익 지음

『어느 무교회주의자의 구약성서 읽기』 개정판. 저자 박상익은 서양의 정신적 토대로 역할을 수행한 그리스도교가 한국에 와서 대중의 조롱을 받고 있는 현실을 통탄하면서, 21세기를 헤쳐 나가야 할 한국인에게 서양 정신사의 한 축인 헤브라이즘을 제대로 이해하려는 노력이 필요하며, 이를 위해서는 히브리 종교의 핵심 내용이 담긴 「구약성서」를 제대로 읽어야 한다고 힘주어 말한다.

미국의 민주주의를 읽다

우리의 민주주의를 더 잘 이해하는 법

양자오 지음, 조필 옮김

프랑스 대혁명의 혼란에서 벗어나지 못한 프랑스인에게 미국의 민주주의를 소개하고 프랑스에 적용하고자 한 프랑스의 알렉시스 드 토크빌이 쓴 『미국의 민주주의』는 방대한 분량으로 읽기 쉽지 않은 책이다. 타이완의 지식인 양자오는 프랑스 대혁명의 역사 배경과 미국 독립 혁명의 전후 상황 등을 훑으며, 토크빌이 『미국의 민주주의』에서 서술하고 분석한 미국의 민주주의 가치와 평등의 힘을 알기 쉽게 설명한다. 그리고 미국의 민주주의와 평등이 당시 프랑스뿐 아니라 현대의 우리에게 어떤 의미가 있는지 고민해 보기를 권한다.

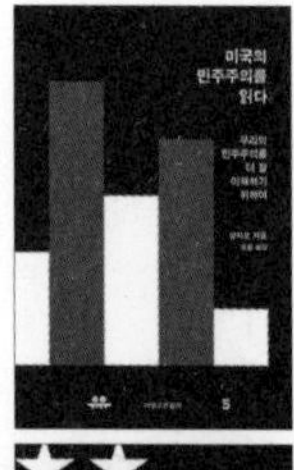

미국 헌법을 읽다

우리의 헌법을 더 잘 이해하는 법

양자오 지음, 박다짐 옮김

미국 헌법은 근대 최초의 민주 국가 미국에서 만든 헌법이다. 이후 수많은 나라에서 미국 헌법을 참고하고 모방하여 헌법을 제정했다. 민주 헌법의 원형이 미국 헌법이라고도 할 수 있는 것이다. 타이완의 지식인 양자오는 『미국 헌법을 읽다』에서 미국 헌법이 만들어지기까지의 역사 배경을 소개하고, 미국 헌법을 원문과 함께 살펴보며 헌법 조문의 의미와 맥락을 알기 쉽게 설명한다. 이를 통해 우리는 오늘날 전 세계에 막대한 영향을 미치는 미국이라는 나라의 토대를 이해하고, 오늘날 우리 삶의 기반을 만든 고전이자 현대 민주주의 제도의 근간을 이루는 헌법을 이해할 수 있을 것이다.

슬픈 열대를 읽다

레비스트로스와 인류학을 공부하는 첫걸음

양자오 지음, 박민호 옮김

구조주의 인류학의 선구자인 레비스트로스의 대표작 『슬픈 열대』를 통해 그의 인류학 여정을 함께 탐색해 보는 책. 저자는 자신이 처음 인류학을 접하고 그것에 매료된 경험에서 시작해 서구 인류학의 변모 과정을 차근차근 짚어 가며 구조인류학까지 다다른다. 이를 통해 우리는 인류학 전반에 대한 이해를 기반으로 구조인류학의 정점을 이루는 레비스트로스와 그의 저서 『슬픈 열대』를 좀 더 손쉽게 적절한 깊이로 공부할 수 있다.